"Si no quieres que el mundo sea un lugar mejor, no abras este libro. Pero si estás lista para participar en una revolución global, léelo. El poderoso mensaje de Becky te recordará que el mayor cambio en el mundo empieza a menudo con los actos más pequeños de amor. Y cada una de nosotras podemos cambiar el mundo allí donde estamos".

—**Alicia Bruxvoort**, escritora, conferencista y buscadora de la vida abundante en Proverbs 31 Ministries

"Este libro tan oportuno de Becky es un bálsamo curativo para un mundo arruinado y un corazón cínico. Las historias y aplicaciones prácticas se han forjado en la vida y el liderazgo de Becky en nuestra comunidad de fe. Sin duda, este libro te animará a amar generosamente y a descubrir los propósitos redentores de Dios".

—**Judy Episcopo**, directora del ministerio de mujeres, Appleton Alliance Church, Wisconsin

"Alentador y práctico, *Amor generoso* es la guía perfecta de cómo amar bien en la vida cotidiana. Las palabras y las historias de Becky resaltan la influencia poderosa que tienen incluso las acciones más insignificantes de bondad, y su percepción me deja tanto preparada como inspirada".

—**Jen Weaver**, autora de *A Wife's Secret to Happiness*

"Quiero poner este libro dinámico en las manos de cada persona que conozco. Becky Kopitzke nos hace volver a los principios básicos de amar bien a los demás, lo que a su vez revoluciona el mundo con el amor de Cristo. Becky nos recuerda que amar a los demás no tiene que ser difícil ni depender de expresiones complicadas. Al contrario, se trata de aspectos simples como mirarse unos a otros a los ojos, dar cumplidos sinceros y mostrar gratitud. Estoy segura de que *Amor generoso* tomará al mundo por asalto a medida que las lectoras apliquen la sabiduría bíblica, práctica y divertida de esta obra".

—**Sarah Philpott, PhD**, autora de *Loved Baby: 31 Devotions Helping You Grieve and Cherish Your Child After Pregnancy Loss*

Amor generoso

Descubre el gozo de dar prioridad a los demás

Becky Kopitzke

EDITORIAL PORTAVOZ

La misión de *Editorial Portavoz* consiste en proporcionar productos de calidad —con integridad y excelencia—, desde una perspectiva bíblica y confiable, que animen a las personas a conocer y servir a Jesucristo.

Traducción: Ricardo Acosta

Las cursivas en los versículos bíblicos son énfasis de la autora.

Se han cambiado algunos nombres y datos de identificación para proteger la privacidad de las personas mencionadas.

EDITORIAL PORTAVOZ
2450 Oak Industrial Drive NE
Grand Rapids, Michigan 49505 USA
Visítenos en: www.portavoz.com

ISBN 978-0-8254-5873-6 (rústica)
ISBN 978-0-8254-6764-6 (Kindle)
ISBN 978-0-8254-7585-6 (epub)

1 2 3 4 5 edición / año 29 28 27 26 25 24 23 22 21 20

Impreso en los Estados Unidos de América
Printed in the United States of America

Dedicado:
A los Stoffels

Contenido

— Introducción —

Todo empieza con una misma

Nos sentamos a su mesa de comedor dispuestos con tenedores de plástico a disfrutar de la comida china comprada. Mi dulce amiga hablaba con voz suave de su salud, su ánimo, sus noches de insomnio. Yo escuchaba, asentía y mi corazón se quebrantaba con cada palabra.

Acabábamos de pasar la mañana en el segundo piso de la casa de Erin, organizando el desorden y armando nuevos estantes para las alcobas de sus hijos. Reordenamos libros ilustrados y recogimos un pequeño montón de piezas sueltas de juguetes de plástico que habían estado abandonados debajo de camas y aparadores. Tareas sencillas, realmente, pero pasos importantes a fin de crear un nuevo lugar para esta hermosa familia en esta casa que se notaba un algo tan fuerte que podías sentir la picazón en la piel.

Temprano esa mañana, yo había entrado por la puerta de atrás llevando en las manos dos cafés con leche, y ella me llevó escaleras arriba hasta un armario. "Me olvidé de esto", expresó. Luego abrió la puerta hasta dejar ver un pequeño espacio lleno de cajas de cartón y una hilera de perchas con camisas de hombre. En un momento mi cerebro registró la escena, y un grito ahogado se me quedó atrapado en la garganta.

Estas eran las camisas de su marido.

Jon.

Ocho meses antes había partido a la presencia de Dios.

Intenté que Erin no viera mis ojos llenos de lágrimas. Rápidamente agarré un contenedor de plástico y me puse a trabajar. Ella sacaba camisas del armario y yo las doblaba en montones ordenados. *Esta era de la escuela secundaria. Esa la usaba para trabajar. Por cierto, ¿durante cuánto tiempo había tenido él estos pantalones? Bueno, esta sudadera… hay una historia detrás de esta.*

Conversamos, doblamos prendas y limpiamos ese armario hasta quedar claro que teníamos más cosas que espacio donde ponerlas.

—No creo que podamos meter todo aquí —opiné, y entonces me ofrecí para ir a Walmart a comprar algunos contenedores más, debido sobre todo a mi deseo de ayudar, pero también, confieso, para dejar que las lágrimas me corrieran libremente por las mejillas mientras conducía a la tienda y llamaba a mi marido para poder escuchar su voz.

Pues bien, algunas horas más tarde, después de un trabajo bien hecho, estábamos recompensándonos con arroz frito y camarones, hablando en voz baja alrededor de la mesa de comedor sobre la gracia de Dios incluso en medio del dolor.

—El último año de nuestro matrimonio fue el mejor —me contó Erin.

—¿De veras? —inquirí sonriendo y alentando los recuerdos felices—. ¿Por qué dices eso?

—Simplemente nos tratamos en forma diferente, escuchándonos de veras y poniendo cada uno primero al otro. Fuimos más conscientes de nuestras acciones mutuas —explicó ella—. Yo hacía algo para bendecirlo, y luego él también hacía algo para bendecirme… Era como si no pudiéramos esperar para *bendecirnos* mutuamente en gran manera.

Bendecirnos de veras.

Estas palabras me dejaron pasmada en mi asiento. Parpadeé y dejé que se asimilaran, y en ese instante supe que Dios estaba hablándome al corazón. Erin continuó su historia.

—Realmente empieza contigo misma. Dejé de buscar que Jon satisficiera mis necesidades porque sabía que él no podía hacer eso. Solo Dios puede hacerlo. Así que le pedí a Dios sabiduría como esposa. Llegué a conocer las necesidades de Jon y lo que le hacía feliz. No me molestaba por las pequeñeces que me fastidiaban. También comenzamos a comunicarnos mejor, hablando de nuestros sentimientos y alentándonos mutuamente. Yo sabía que él necesitaba que le dijera que era apreciado y que no pasaba desapercibido todo lo que hacía por nuestra familia. Cuando yo quería bendecir más a Jon, el círculo se cerraba. Él hacía lo mismo. Crecimos mucho ese año en nuestro matrimonio y empezamos a ver cambios reales en nuestros corazones. Nuestro amor sencillamente creció.

Erin comenzó a dar más abrazos y caricias a Jon, aunque en ella no era natural el afecto externo. A su vez, él se volvió más atento y servicial en la casa. Erin le guisaba su filete favorito de venado. Jon arreglaba el fregadero. Erin lo tomaba de la mano. Él oraba por ella.

Así continuaron durante todo un año, bendición que incitaba bendición, esposo a esposa y esposa a esposo, hasta un día memorable en que un viaje a una boda demostró cuán profunda se había vuelto la ternura de su esposo.

Jon fue un acompañante del novio en la boda y un extrovertido muy apreciado. Erin no tenía vínculo con la fiesta de bodas y no conocía a ninguno de los demás invitados. Era la clase de situación en la cual mi amiga de voz suave normalmente pasaba desapercibida y se las arreglaba sola mientras su maridito pasaba de mesa en mesa, socializando y disfrutando la fiesta.

Sin embargo, esa noche no fue así.

—Él se esforzó en asegurarse de que yo estuviera bien —declaró ella—. Me preguntaba: ¿Necesitas algo? ¿Lo estás pasando bien? ¿Quieres que te traiga otro refresco? ¿Te gustaría bailar? Su atención me conmovió de veras.

Así que, en el camino a casa, Erin le agradeció... por haberse olvidado de él mismo y brindarle un cuidado especial. Ella *reconoció la bendición* que era su esposo y se sintió impulsada a devolvérsela, tal como había hecho durante todo el año.

Dos semanas más tarde, a Jon le mataron en un tiroteo al azar en un parque local, una tragedia que también cobró la vida de la hija mayor de ambos. Fue un suceso horrible que sorprendió a nuestra comunidad e hizo que miles de personas lloraran y oraran. Las últimas palabras que Erin le oyó decir a Jon —mientras padre e hija estaban gravemente heridos y los dos hijos menores corrían a buscar ayuda— provocaron gran revuelo en los medios de comunicación en los días siguientes.

Él dijo, como si le hablara directamente al pistolero:

"Que Dios te perdone".

¿Cómo es posible tal perdón? ¿Cómo podían esas palabras ser la súplica final del corazón de un moribundo? ¿Cómo soportó Erin tal dolor y sufrimiento físico y, sin embargo, siguió aspirando, exhalando y despertando cada día para dar testimonio de la bondad de Dios? ¿Cómo lo sigue haciendo?

Solo hay una respuesta.

Amor.

> Nosotros le amamos a él, porque él nos amó primero (1 Juan 4:19).

Esa clase de tremenda abnegación y esperanza solo es posible por medio del amor sobrenatural de nuestro Padre Dios. Y como simples mortales, tenemos acceso a ese amor, a recibirlo, transmitirlo y así revolucionar con destellos de luz celestial un mundo desordenado y en tinieblas.

> Vosotros sois la luz del mundo; una ciudad asentada sobre un monte no se puede esconder. Ni se enciende una luz y se pone debajo de un almud, sino sobre el candelero, y alumbra a todos los que están en casa. Así alumbre vuestra luz delante de los hombres, para que

> vean vuestras buenas obras, y glorifiquen a vuestro Padre que está en los cielos (Mateo 5:14-16).

¿Qué es una luz resplandeciente? En una palabra, es una *bendición*. Amor en acción. ¿Y *amor*? Bueno, es lo que distingue al pueblo de Cristo del resto del mundo.

> En esto conocerán todos que sois mis discípulos, si tuviereis amor los unos con los otros (Juan 13:35).

Desde esa conversación a la hora del almuerzo he pasado innumerables horas explorando este concepto. Amor generoso es más que un acto singular de bondad o un impulso aislado de altruismo. Es un hábito. Un estilo de vida. Una opción predeterminada.

Es una revolución en ciernes.

¡Trata de imaginarlo!

¿Cómo sería el mundo si todas nosotras hiciéramos esfuerzos conscientes por bendecirnos mutuamente? ¿Y si en nuestras relaciones clave (cónyuge, hijos, amistades, iglesia) pensáramos menos en "nosotras" y más en "los demás" y luego nos comprometiéramos a dar el primer paso?

No esperes más a que tu esposo recoja sus calcetines sucios del piso de la alcoba. La esposa que ama generosamente los recogerá y los llevará al lavadero. Una locura, ¿verdad? Pero eso no es todo. Quizás incluso los ponga juntos una vez que estén limpios... y hasta vayas tan lejos como para guardarlos en el cajón del esposo solo porque sabes que él necesita calcetines limpios para trabajar esta semana. No hay indicio de resentimiento. Ni quejas.

No es broma.

Y el esposo que ama a su esposa reconocerá que ella ha tenido un día ajetreado y agotador. Por tanto, sacará la cacerola y hervirá la pasta favorita de ella para cenar... sin que se lo pidan. Tal vez (*¡qué locura!*) él llegue incluso a lavar los platos una vez concluida la cena.

De veras.

Luego, la mujer cuya agenda está demasiado repleta esta semana leerá en Facebook que al hijo de su vecina acaban de extirparle las amígdalas; así que invierte diez minutos adicionales mientras realiza sus interminables diligencias para ir a comprar una caja de helados y entregarla a su vecina de al lado.

No es tan difícil, ¿verdad? Las acciones mismas son realmente sencillas, pero realizarlas requiere despojarnos de nuestras capas endurecidas de orgullo, privilegios y egoísmo. Esto exige una abolición total de arrogancia y mezquindad. Nos ruega que abramos los ojos y miremos hacia afuera, no solo hacia adentro. Y ese podría ser uno de los esfuerzos más difíciles que cualquier ser humano pecador pueda enfrentar.

Sin embargo, exponencialmente vale la pena.

En las páginas que siguen descubriremos el qué, porqué y cómo *amar a los demás* a través de generosas bendiciones. ¿Qué es una bendición? ¿Qué dice la Biblia, y por qué debe importarnos? ¿Cuáles son algunas maneras prácticas de bendecir a las personas que el Señor nos ha dado: nuestra familia, nuestros amigos, nuestra iglesia y nuestra comunidad? Juntas convertiremos el enfoque en nosotras mismas en un corazón hacia los demás, a fin de *fortalecernos*.

¿Estás emocionada? Sin duda yo lo estoy.

Así como el mejor año de matrimonio de Erin comenzó con una sola bendición, así es como empieza también para ti y para mí. Una bendición enciende otra, la cual enciende otra y otra hasta que nuestras vidas se caractericen por bendiciones perpetuas sobre bendiciones, y el amor se extienda hasta tocar a quienes nos rodean. Y descubriremos que realmente podemos revolucionar el mundo con el amor de Cristo, una bendición a la vez.

> Todos hemos recibido de él muchas bendiciones porque él está lleno de generoso amor y verdad (Juan 1:16, PDT).

— Capítulo 1 —

¿Y qué es una bendición?

Escuché fuertes respiraciones, tres seguidas, y me preparé para el estallido.

—¡*Achís!* —estornudó mi hija después de meter la nariz en la parte anterior del codo.

—¡Salud! —exclamé.

—Gracias, mamá —contestó, y luego inclinó la cabeza hacia mí y levantó las cejas—. ¿Por qué decimos "salud" cuando alguien estornuda?

¡Ah! Buena pregunta.

—No estoy segura, cariño.

Así que hicimos lo que todo intelectual moderno hace ante un dilema. Buscamos en Google.

Al parecer, una antigua tradición afirma que se creía que un estornudo era la forma del cuerpo de deshacerse de espíritus malignos.[1] Escalofriante, ¿eh?

Siglos más tarde se consideró que un estornudo era señal de que una persona había contraído la plaga. En este caso se le decía:

---

1. "Why Do We Say 'God Bless You' When Someone Sneezes?", Got Questions Ministries, consultado el 19 de mayo de 2016, http://www.gotquestions.org/God-bless-you-sneeze.html.

"Dios te bendiga" y se trataba más bien de una despedida. Con el paso del tiempo, el "Dios te bendiga" quedó en "salud" como un deseo de pronta recuperación.

Incluso en la era actual de alergias al polvo y de antibióticos, dependiendo del país, "Dios te bendiga" o "salud" sigue siendo la respuesta mecánica a un estornudo. Intenta soltar un "*achís*" en medio de una reunión y escucharás que algunas personas te desearán *salud* o que Dios te bendiga.

No obstante, ¿es eso de lo que trata realmente una bendición? Sin duda es más que un deseo casual de que Dios te proteja en tus estornudos. Cuando alguien pregunta: "¿Cómo estás?", ¿qué dices? Cuando la vida va bien, cuando todos estamos felices, sanos y con dinero en el banco, decimos que estamos bien, que nos va de maravilla y que nos sentimos bendecidas.

Tenemos muchas ganas de agarrar todas las bendiciones que podamos.

Sin embargo, lamentablemente, para muchas de nosotras, la única vez que pensamos en bendecir a otra persona es después que ha lanzado una nube de gérmenes a través del salón.

¿Qué significa dar y recibir una bendición? ¿Qué poder tiene una bendición? Tales preguntas son la base de nuestro recorrido por los siguientes dieciséis capítulos. Y las respuestas comienzan con la primera historia contada.

El quinto día, Dios creó la bendición

¿Sabías que Dios creó la bendición aun antes que creara al primer ser humano? Es cierto.

> Dijo Dios: Produzcan las aguas seres vivientes, y aves que vuelen sobre la tierra, en la abierta expansión de los cielos. Y creó Dios los grandes monstruos marinos, y todo ser viviente que se mueve, que las aguas produjeron según su género, y toda ave alada según su especie. Y vio Dios que era bueno. Y Dios *los bendijo*, diciendo:

> Fructificad y multiplicaos, y llenad las aguas en los mares, y multiplíquense las aves en la tierra (Génesis 1:20-22).

En la historia bíblica, Adán y Eva fueron creados en el día sexto. Pero Dios pasó primero una semana de trabajo creándoles su lugar de morada: tierra y mar, plantas y árboles, luz y oscuridad, animales que nadaban, volaban y corrían. Y cuando Dios miró a su alrededor todo lo que había formado para el final del quinto día, antes que el hombre llegara a arruinarlo todo, vio que era algo muy impresionante. Así que ordenó a los peces y las aves que se multiplicaran, que fueran fructíferos, que *hicieran más maravillas.*

A esto se le llamó una bendición.

Más tarde, Dios concedió una bendición similar a Adán y Eva: "Los bendijo Dios, y les dijo: Fructificad y multiplicaos; llenad la tierra, y sojuzgadla" (Génesis 1:28). La palabra aquí para *bendijo* es *barak*, que significa alabar, felicitar, saludar. Es el mismo término que Dios usó cuando le dijo a Abraham que fuera a la tierra prometida, donde lo colmaría de prosperidad y bienestar.

> Haré de ti una nación grande, y te bendeciré, y engrandeceré tu nombre, y serás bendición. Bendeciré a los que te bendijeren, y a los que te maldijeren maldeciré; y serán benditas en ti todas las familias de la tierra (Génesis 12:2-3).

Otra palabra hebrea en la Biblia para *bendecir* es *ésher*, que significa "felicidad". La hallamos a menudo en los Salmos.

> Bienaventurado [*ésher*] el varón que no anduvo en consejo de malos, ni estuvo en camino de pecadores, ni en silla de escarnecedores se ha sentado; sino que en la ley de Jehová está su delicia, y en su ley medita de día y de noche. Será como árbol plantado junto a corrientes de aguas, que da su fruto en su tiempo, y su hoja no cae; y todo lo que hace, prosperará (Salmos 1:1-3).

Al ponerlo todo junto, vemos que una bendición es un regalo

que no solo recibimos de Dios, sino que también entregamos a otros. Bendecir a alguien es tenerlo en alta estima, enriquecerle la vida y magnificar la grandeza de esa persona en una manera que honre a Dios, la fuente de todo lo asombroso.

Podemos ser bendecidas por Dios y por otras personas y, al igual que Abraham, también podemos ser de bendición, lo cual significa que otros seres pueden resultar bendecidos a través de nosotras, todo porque Dios nos bendijo primero.

Es una reacción en cadena.

Significa "dar prioridad a los demás".

Dar: Ser de bendición

Mi mentora, Cindy, tiene un lema para su relación con su yerno: "¡Ser de bendición!". Cuando su hija se casó, Cindy resolvió ser una suegra que endulza el matrimonio de su hija en lugar de amargarlo. ¿Cómo lo hace? Animándola a amar a su esposo. Apoyando el papel de su yerno como cabeza del hogar. No metiendo las narices en los asuntos de ellos cuando no se lo piden. Tratando a su yerno como ella trata a sus propios hijos.

No creo que sea necesario decirte que esta clase de comportamiento desinteresado no viene de manera natural a toda suegra en este mundo. Es cierto, no nos viene de manera natural a ninguna de nosotras, probablemente ni siquiera a Cindy, por lo que en primer lugar necesita un lema.

Ser una bendición significa bendecir a alguien más —con tus palabras, gestos o tu misma presencia— con la finalidad de mostrar amor, respeto, aprecio y aceptación. Es poner en acción una actitud de gracia y generosidad hacia otro ser humano… e incluso hacia Dios.

> Bendice, alma mía, a Jehová, y no olvides ninguno de sus beneficios (Salmos 103:2).

Bendecir a Dios quiere decir alabarlo. Bendecir a otras personas también quiere decir alabarlas por su carácter o sus logros, o ayudarlas, apoyarlas, animarlas, prepararlas, afirmarlas o de alguna forma invocar felicidad en sus vidas.

¡*Uf*! ¿Lo ves? Hay tantas maneras de bendecir a alguien como hay momentos en el día. Pero no te preocupes. Rápidamente adquirirás práctica. Más tarde en este libro exploraremos varias ideas prácticas para bendecir a quienes te rodean. Pronto se te ocurrirán centenares de ideas por tu cuenta.

Recibir: Ser bendecidas

De igual modo, cuando alguien nos bendice debemos sentirnos animadas, preparadas, apoyadas y amadas. Esto es lo que significa ser bendecidas.

Cuando mi esposo se lleva mi auto a dar una vuelta solo para llenar el tanque de gasolina, soy bendecida.

Cuando mi amiga se ofrece a cuidar a mis hijos durante una tarde para que yo pueda hacer mis actividades, soy bendecida.

Cuando una lectora me envía un correo electrónico para decirme que imprimió una de mis publicaciones de blog y que la consulta a diario, soy realmente bendecida.

Dios mismo nos bendice cada día simplemente manteniendo el mundo en equilibrio y observando todos nuestros movimientos. Una de mis citas favoritas es del teólogo y escritor John Piper: "Dios está siempre haciendo diez mil cosas en tu vida, y tú quizás solo seas consciente de tres de ellas".[2] El Señor nos bendice constantemente, aunque no nos demos cuenta.

Como un derramamiento natural de nuestra gratitud hacia Dios por sus bendiciones, debemos estar motivadas a bendecir a otros. Y, a su vez, es más probable que estas personas nos devuelvan la

2. John Piper, "God Is Always Doing 10,000 Things in Your Life", Desiring God, 1 de enero de 2013, consultado el 29 de abril de 2017, www.desiringgod.org/articles/every-moment-in-2013-god-will-be-doing-10-000-things-in-your-life.

bendición y pasen aún más bendiciones para otras personas, y así el ciclo continúa.

¿Parece idealista? ¿Algo solo ilusorio? Quizás. Especialmente ya que el mundo no parece funcionar en este sistema feliz como regla general la mayor parte del tiempo. Pero creo que sí puede funcionar, si damos el primer paso.

¿Por qué? Porque la Biblia lo dice.

> El que da semilla al que siembra, y pan al que come, proveerá y multiplicará vuestra sementera, y aumentará los frutos de vuestra justicia, para que estéis enriquecidos en todo para toda liberalidad, la cual produce por medio de nosotros acción de gracias a Dios (2 Corintios 9:10-11).

Todo el mundo gana

A fin de entender e implementar plenamente el concepto de amor generoso —de bendecir desinteresadamente a las personas en nuestra vida— primero debemos reconocer lo que no es amor generoso.

No es una competencia. Si tu intención es aparecerte ante alguien y mostrar que en bendecir eres mejor que esa persona, entonces tus acciones están arraigadas en egoísmo, no en generosidad.

No es una solución intermedia. Bendecir no es satisfacer a medias. Requiere llegar hasta el lado de la otra persona: ver tu relación desde su punto de vista, y servirle según sus necesidades en lugar de las tuyas.

No es una agresión pasiva. Cubrir ira o resentimiento subyacente con gestos tiernos es como verter crema de chocolate en un tazón de chile con carne súper condimentado. No oculta lo picante. Bendecir a otros puede ser parte del remedio para curar lo que se encuentra debajo, sí, pero no puede ser un velo.

No es una motivación o insinuación oculta: que la persona *bendecida* debe hacer a cambio algo bueno por ti. Sí, espero que tu bendición encienda más bendición. Pero si la ofreces con la intención de dar para conseguir, no es una bendición pura y has errado por completo el objetivo.

Una bendición es un simple acto de amor desinteresado, solo porque te interesas por otro ser humano, o más importante, porque te interesa Dios, quien ama a esa persona más que tú. Parece algo como esto.

Así que le lavé la taza de café

Yo tenía plazos de entrega, además de proyectos por emprender, correos electrónicos que responder, llamadas telefónicas que hacer. Tan pronto como llegué a casa después de mi recorrido a la escuela esa mañana, me permití exactamente cinco minutos para cargar el lavaplatos antes de sentarme ante mi escritorio durante el resto del día.

El lavaplatos en marcha, la mesa limpia, el grifo cerrado… fue entonces cuando la vi. Colocada cerca del fregadero, la taza de viaje favorita de mi esposo, sucia. Tendría que lavarla a mano.

Pude haberla dejado allí. Al fin y al cabo, era la taza *de mi esposo*, y no esperaría que yo la lavara. No tomo café a menos que lo prepare un experto en una cafetería, mezclado con montones de chocolate y vertido en una taza desechable. Así que en nuestra casa tenemos un acuerdo implícito de que la cafetera de la cocina, el café molido y la media docenas de tazas de cerámica que mi marido solía dejar semana a semana en el auto (que es por lo que en primer lugar le compré la taza de viaje) son asunto *suyo*. Por tanto, que él lave su preciosa taza. Yo tenía otras cosas que hacer.

Sin embargo…

¿Cuánto tiempo me llevaría lavar esa taza? ¿Sesenta segundos a lo máximo? Ya me hallaba parada delante del fregadero. El agua ya estaba caliente. El cepillo de fregar estaba a solo diez centímetros de mis dedos.

¿Por qué no podía lavar la taza?

Mejor pregunta: ¿por qué *debía* hacerlo?

Si lavar esa taza expresa *te amo, estoy pensando en ti y me importas*, ¿no vale la pena el sacrificio de un minuto de mi día?

¿No vale la pena mucho más que eso?

> De hacer bien y de la ayuda mutua no os olvidéis; porque de tales sacrificios se agrada Dios (Hebreos 13:16).

Las relaciones profundas no se desarrollan en momentos emocionales altos. Se fortalecen por medio de muchos gestos que fácilmente se pasan por alto y se infrautilizan. Y cuando día tras día tras día dejamos de hacer esos pequeños gestos, cuando nos acostumbramos a pensar en *mí* y no en *tú* o *nosotros*, ni siquiera los altibajos emocionales (si somos lo suficientemente bendecidas para tenerlos) pueden llenar las grietas dejadas por oportunidades perdidas para expresar amor por aquellos que Dios pone a nuestro alrededor.

Sí, yo tenía fechas límite. Me esperaba un montón de tareas pendientes en mi escritorio. No obstante, agarré esa taza de viaje y la restregué hasta dejarla reluciente para el amor de mi vida, el hombre que Dios escogió entre una multitud para mí incluso antes que yo supiera quién era Dios. Mi esposo merece mi atención, mi sacrificio y mi disposición de servir, aunque sea inconveniente, porque amar es en esencia amar a Aquel que me lo dio. Y todo lo que se necesitó fue una taza de viaje para recordarme esa verdad fundamental.

¿Y qué me dices de ti? ¿Qué pequeños gestos puedes realizar hoy, mañana y pasado mañana? ¿Qué opciones fácilmente pasadas por alto puedes hacer que expresen: *estoy de tu lado*? Día tras día esas pequeñas decisiones tendrán sentido. Y un día, a lo largo de los años, miraremos hacia atrás y podremos decir a la persona que el Señor nos dio: *Nuestra relación es fuerte porque te amé en las cosas pequeñas. Te fui fiel en pensamiento y acciones.*

Lavé tu taza.

Porque significas el mundo para mí.

¿Lo ves? Las verdaderas bendiciones se ofrecen libremente y sin motivos egoístas. Todo lo contrario de nuestra naturaleza, ¿verdad? Por eso, en los próximos dos capítulos iremos a la raíz de nuestro egoísmo y sacaremos una por una esas asfixiantes malezas del "yo" directamente de lo más profundo de nuestros corazones.

Reflexión personal

1. Explica en tus propias palabras qué es una bendición. ¿Qué significa ser bendecida? ¿Qué significa bendecir a otras personas?

2. Piensa en la última vez que alguien te bendijo. ¿Qué hizo esa persona? ¿Por qué te impresionó su acción?

3. Piensa en el lema de Cindy: "¡Ser de bendición!". ¿A qué relaciones necesitas aplicar personalmente esta actitud?

4. ¿Es difícil para ti dar el primer paso? ¿Bendecir a alguien, aunque no te pida bendición? ¿Por qué no?

5. Considera la cita de John Piper: "Dios está siempre haciendo diez mil cosas en tu vida, y tú quizás solo seas consciente de tres de ellas". ¿Cómo afecta esto el modo en que ves tus circunstancias? ¿Qué dice esta cita de tu relación con Dios? (Para mayor estudio, examina Proverbios 16:9; Romanos 8:28; y Job 42:2).

6. Analiza por qué la bendición no puede abordarse como una competencia. Explica por qué un espíritu competitivo obstaculiza el propósito de bendecir.

7. Reflexiona de nuevo en este enunciado: "Bendecir no es satisfacer a medias. Requiere llegar hasta el lado de la otra

persona". ¿Cuán dispuesta estás a ponerte en el lugar de alguien más? ¿Por qué "satisfacer a medias" no es una manera eficaz de bendecir?

8. ¿Quién resulta, en última instancia, más bendecido por nuestros esfuerzos de preocuparnos por otros? Estudia Hebreos 13:16.

Amor en acción

Esta semana, lava la taza de café de tu esposo (por así decirlo). Elige un gesto pequeño y fuera de lo común para bendecir a quien amas. ¿Cómo te hizo sentir esto? ¿Respondió la otra persona? ¡No hay problema si no lo hizo! Tan solo estás comenzando un largo viaje. Por ahora lo importante es dar el primer paso.

— Capítulo 2 —

¿Por qué somos tan egoístas?

Una vez creí ser del tipo de persona generosa. Luego me casé y descubrí cuánto me gustaba hacer las cosas a mi manera.

También solía creer que yo era paciente y amable, hasta que nacieron mis hijas. Entonces mi paciencia se sumergió en un charco de quejas y altercados por causa de ellas.

Con seguridad nunca me consideré una mujer iracunda o cínica, hasta que alguien cercano a mí me hirió tanto el corazón que quedé amargada por dentro. Si tan solo nunca me hubieran lastimado de ese modo, hoy sería diferente.

¿Te identificas?

En otras palabras, *yo solía ser más desinteresada, alegre y amable.* Pero ya no, debido a que las circunstancias de mi vida, a que mis relaciones y a que estas personas a lo largo de mi camino... *me hicieron de este modo.*

Mmm. ¿Es eso así?

La Biblia afirmaría lo contrario.

> Yo sé que soy malo de nacimiento; pecador me concibió mi madre (Salmos 51:5, NVI).

¿Mala de nacimiento?

La horrible verdad es que nadie nos convierte en algo que no somos. Nuestras experiencias, relaciones, luchas y sufrimientos solamente revelan lo que había dentro de nosotros todo el tiempo.

Eso parece un poco duro, ¿no es cierto? Comprende, por favor, que sé que puedes haber sufrido gran injusticia y me duele el corazón por las mujeres (muchas de ellas mis queridas amigas) que han sido víctimas de maltrato, negligencia, tragedia o dificultades. Tales circunstancias horribles ciertamente pueden darnos forma e irritar nuestras almas.

Pero ni siquiera nuestras experiencias más horribles pueden crear pecado dentro de nosotras. El pecado estuvo allí todo el tiempo. La pregunta es: ¿permitirás que el pecado te aleje o te acerque más a Dios?

Pecado, esa palabra tan temida

¿A qué me refiero exactamente con *pecado*? La palabra tiene mala reputación entre quienes imaginan demonios con capas rojas y tridentes, como si llamar pecadora a una persona fuera un insulto terrible. Sin embargo, no es más ofensivo llamarme pecadora que decir que tengo ojos azules o soy flaca. El pecado es una característica intrínseca de mi humanidad y la tuya. Representa basura en forma de egoísmo, orgullo, envidia, codicia… todo un grupo de predisposiciones que se oponen a Dios. Nacimos con eso. Y esa basura es lo que hace que nos resulte tan difícil bendecir a otras personas.

Por ejemplo, Dios dice que seamos amables. Por tanto, si explotamos con nuestros hijos, eso es pecado.

Dios nos manda que seamos sinceras. Por eso, si le decimos a una amiga que lamentamos no haber respondido su llamada cuando en realidad le hicimos caso omiso a propósito, eso es pecado. Decepcionante, ¿verdad?

Y Dios dice que no chismeemos. Por tanto, si disfrutamos cotilleando acerca de la compañera de trabajo que acaban de despedir, bueno, eso también es pecado.

Muchas de nosotras haríamos pasar tales comportamientos como inofensivos. Pero la Biblia dice que no lo son, porque cualquier pecado, sin importar su dimensión, forma o intención, es ofensivo para Dios.

¿Aún te sientes mal? Deberías sentirte así. Pero espera. Hay buenas noticias.

En primer lugar, no estás sola. Ninguna persona en este mundo está libre de basura. Romanos 3:23 declara que "todos pecaron, y están destituidos de la gloria de Dios". Eso no convierte al pecado en algo bueno, pero por desgracia lo hace normal.

En segundo lugar, el pecado no es algo nuevo. Empezó cuando Adán y Eva comieron el fruto prohibido, y todo ser humano a partir de entonces ha pasado la vida en la tierra combatiendo la basura en su interior. Tú y yo no somos la excepción. Ayer mismo les dije a mis hijas que me iba a tirar por una ventana si ellas no podían pensar y decidir la manera de compartir el lavabo del baño. Creo que a eso se le llama impaciencia. O enojo, discordia, disensión, ataques de ira (medita en Gálatas 5:19-21 para más opciones encantadoras), etc. Sin embargo, incluso por ahora necesito mi tercer punto.

La mejor noticia es que no tenemos que permanecer atrapadas para siempre en nuestro pecado. Dios nos ofreció una salida.

Jesucristo: el transformador de vidas

Todos los seres humanos nacen con una naturaleza pecaminosa. Este pecado intrínseco nos separa de Dios. Crea un abismo entre los seres humanos y el cielo. La única manera de volver a unirnos con Dios es ser perfectos y nunca pecar (lo cual nunca va a suceder), o dejar que tome nuestro lugar alguien que *sí es* perfecto: Jesucristo, el Hijo de Dios.

Jesús, quien en realidad fue Dios en forma humana, vino a la tierra hace dos mil años para llevar una vida impecable y libre de pecado que nosotros somos incapaces de vivir. Vino al mundo para sufrir la terrible muerte (¡clavado en una cruz!) que merecíamos porque, bueno, tenemos este grave problema del pecado.

Tres días después que fuera sepultado, Jesús resucitó —aún está vivo, pero en su cuerpo puro y glorificado— y regresó al cielo donde ahora está obrando al lado de Dios el Padre. Juntos están reservando una habitación especial —¡en el cielo!— para cada una de nosotras.

> En la casa de mi Padre muchas moradas hay; si así no fuera, yo os lo hubiera dicho; voy, pues, a preparar lugar para vosotros. Y si me fuere y os preparare lugar, vendré otra vez, y os tomaré a mí mismo, para que donde yo estoy, vosotros también estéis (Juan 14:2-3).

Todo esto desafía la lógica humana. Pero la salvación *no debería* tener sentido. Es así de increíble.

> Como son más altos los cielos que la tierra, así son mis caminos más altos que vuestros caminos, y mis pensamientos más que vuestros pensamientos (Isaías 55:9).

Un asunto del corazón

Armadas con el poder de Dios podemos comenzar a retirar las capas de basura que nos impiden bendecir a otras personas. En el centro de nuestra naturaleza pecadora está el egoísmo, una tendencia profundamente arraigada de cuidar de nosotras mismas antes que atender a los demás.

Si eres madre o cuidadora, podrías argumentar que no tienes la oportunidad de cuidar de ti; todo el tiempo lo pasas cuidando de alguien más. Entiendo, hermana. He sacrificado muchas horas en pañales sucios y tareas de hogar. Nuestras responsabilidades como esposas, madres, hijas, amigas, empleadas, miembros de iglesia y, bueno, *adultas*, pueden hacer de "mi tiempo" un lujo difícil de alcanzar. Hablaremos más de eso en el capítulo 4.

La decisión más importante que tomarás

¿Quieres reclamar tu morada en el cielo? (Algunas traducciones bíblicas la llaman realmente una "mansión". ¡Hurra!). He aquí cómo yo lo hice, y tú también puedes hacerlo. En lenguaje cristiano moderno se llama "poner a Cristo Jesús en el asiento del conductor" o elegir "nueva vida". Y sí, es una *decisión,* la más importante que tomarás. La salvación no sucede porque sí. No naces en ella igual que un niño; la salvación no está en tus genes ni en tu educación religiosa. No se produce por ósmosis simplemente yendo al templo o leyendo estudios bíblicos. Es una decisión personal que tomas, en algún momento crítico, de poner al Señor Jesús a cargo de tu vida. Para mí, comenzó con una oración.

Señor, estoy arruinada. Peco todos los días, incluso en maneras que no me doy cuenta. Por favor, ten misericordia de mí y perdóname. No deseo estar separada más de ti. No quiero ser esclava del pecado. Anhelo que tú dirijas mi vida y me enseñes a obedecerte y amarte. Señor Jesús, toma el control. Te necesito.

Si haces una oración como esa, y la haces en serio, suceden tres cosas:

- Decides seguir a Jesús y confiar en que lo que Él quiere para ti es lo que más te conviene. La Biblia está llena de razones y motivos de vivir para Cristo. Te llevará toda la vida averiguarlo. Disfruta el recorrido.

- Invitas a Jesús a tomar tu lugar cuando mueras y presentarse ante Dios el Padre. Él te mirará y verá en ti a Jesús, su Hijo perfecto y sin mancha, lo cual significa que ahora estás calificada para establecerte eternamente en tu nueva y elegante habitación (es decir, en tu mansión).

- Ya no tienes que pecar. ¡Oh, lo harás, créeme! Pero ahora, pecar es una decisión que tomas. En el mismo instante en que decides rendirte a Jesús, Dios envía el Espíritu Santo para que llene tu alma. *En serio* (¿recuerdas que Dios es sobrenatural?), el Espíritu vive dentro de ti y te alimenta con sabiduría y poder para lidiar contra tu naturaleza pecadora. El pecado no desaparece por arte de magia; lucharás contra él hasta el día en que vayas al cielo. Pero con Jesús tendrás al Dios del universo de tu parte para ayudarte a elegir lo correcto.

El egoísmo no discrimina según edad, escenario o circunstancia, porque no se trata solo de cómo gastamos nuestro tiempo o quién exige nuestra atención. Si lo que se necesita para ser desinteresada es dedicar días enteros a satisfacer las necesidades de alguien más, entonces ponme una banda porque soy la reina del concurso de desinteresadas.

El egoísmo es un asunto del corazón. Fácilmente yo podría pasar un día en la oficina, ser voluntaria en la iglesia, o acompañar a los jóvenes en un día de campo, y resentirme todo el tiempo debido a que lo que yo realmente quería hacer ese día era ir de compras, trabajar en un proyecto de escritura o dormir. Y mi trabajo, mi ministerio y ese viaje al campo me impidieron cumplir mis deseos. Por tanto, yo podría cumplir con las formalidades religiosas, pero por dentro estaría refunfuñando todo el tiempo.

Eso no es desinterés. Es algo tan egoísta como puede ser el egoísmo, porque, cuando se trata de bendecir a otros, lo que hacemos no importa tanto como nuestra actitud al hacerlo.

> Jehová escudriña los corazones de todos, y entiende todo intento de los pensamientos (1 Crónicas 28:9).

¿Estás dispuesta a ajustar tu actitud? ¿A profundizar y descubrir dónde podrían tus defectos estar obstaculizando tu capacidad de amar bien a otros? No es un proceso bonito, lo admito, pero es un paso enorme y necesario hacia la libertad, la generosidad y el gozo. Así que desenterremos esos problemas de actitud y deshagámonos de ellos. ¿Amén? Estaré contigo en cada paso del camino.

Reflexión personal

1. ¿Qué significa ser pecadora? ¿Reconoces que lo eres? ¿Por qué no?

2. ¿Has culpado a otros por tu "basura"? ¿Cómo refuta Salmos 51:5 al juego de la culpa?

3. Lee Efesios 2:8-9 y Tito 3:5. Según estos versículos, ¿es posible ganar un lugar en el cielo (salvación)? ¿Cómo entramos? (Medita en Romanos 10:9; Juan 14:6; y Hechos 4:12 para una mejor perspectiva).

4. ¿Has orado para que el Señor Jesús te libre de tu basura (pecados)? ¡Díselo a alguien!

5. Lee Jeremías 17:9. ¿Cuál es el problema con el corazón humano? Lee ahora Salmos 51:10; Ezequiel 36:26; Hechos 15:9; Hebreos 10:22; y 1 Tesalonicenses 3:13. ¿Quién soluciona el problema del corazón?

6. ¿Cómo defines el egoísmo? ¿Cómo aparece este en tu vida y en tus relaciones?

7. ¿Por qué nuestra actitud importa más que nuestras acciones? (Examina Efesios 2:8-9; Proverbios 16:2; Jeremías 17:10; 1 Crónicas 28:9; Salmos 44:21; y 1 Samuel 16:7).

8. ¿Has estado albergando alguna actitud egoísta hacia una persona o responsabilidad particular en tu vida? Ora para que Dios cambie tu corazón en esta situación.

Amor en acción

Uno de mis versículos favoritos en la Biblia es el Salmo 51:12: "Vuélveme el gozo de tu salvación, y espíritu noble me sustente". En esta semana pasa algún tiempo en oración pidiéndole a Dios que te otorgue un celo renovado por seguirlo. Si nunca has tomado la decisión de aceptar a Jesús como tu Señor y Salvador personal, ¿a qué esperas? Vuelve a la oración de salvación y pídele a Dios que se haga cargo de tu vida. Esta es la decisión más importante que tomarás en tu vida.

— Capítulo 3 —

Las malas hierbas del "yo"

Mi esposo tiene un pequeño huerto de hortalizas, donde planta suficientes tomates y jalapeños para producir alrededor de veinticinco litros de salsa casera cada verano. Además, sin proponérselo, brotan malezas como para hacer veinticinco litros más.

Malezas. ¡Uy! ¿De dónde vienen? Trabajamos y oramos para que las verduras florezcan, y algunos años no lo hacen, pero esas malas hierbas brotan sin el más mínimo esfuerzo. Ahogan nuestros tomates. Arruinan todo el huerto.

También tenemos malas hierbas en nuestro caminar cristiano. Son especialmente dañinas para el proceso de "dar prioridad a los demás". Exploremos seis peligros comunes de la naturaleza pecaminosa que nos tientan a pensar y actuar de manera egoísta. Los llamo las malas hierbas del "yo".

Egocentrismo

¿Cuán grande es tu mundo? En otras palabras, ¿cuán concentrada estás en tu propio espacio pequeño en el que vives frente al hogar, la familia, la comunidad y la cultura más grande que te rodea? Cada una de nosotras debe mirar individualmente más allá de nuestra programación diaria, nuestro apetito, nuestra comodidad, nuestro saldo bancario, nuestros problemas.

Existen otras personas que ocupan espacio a nuestro alrededor. Y Dios quiere que tú y yo nos involucremos con ellas.

> Gozaos con los que se gozan; llorad con los que lloran (Romanos 12:15).

Por supuesto, no todo el mundo está llamado a participar en toda causa. Cada persona debe discernir dónde Dios la llama a servir. Para mí, eso podría ser un grupo de mamás en la iglesia; para ti podría ser un hospital misionero en África. Dios usa a todo creyente individual en lugares únicos para servir en su reino como un todo.

No obstante, cuando nuestra única causa es nuestro propio bienestar, nos impide ver las necesidades que nos rodean, y perdemos la oportunidad de bendecir a otros, lo cual irónicamente es uno de los mayores estímulos que encontraremos para nuestro bienestar. El pastor Rick Warren lo dijo de este modo:

> Dios promete que se encargará de nuestras necesidades si nos concentramos en bendecir a otros. Casi no hay nada que Dios no haga por quien realmente desea ayudar a otras personas. Es más, Él garantiza esta bendición. Jesús declaró: "De cierto os digo, que no hay nadie que haya dejado casa, o padres, o hermanos, o mujer, o hijos, por el reino de Dios, que no haya de recibir mucho más en este tiempo, y en el siglo venidero la vida eterna" (Lucas 18:29-30). Cuando te preocupas por ayudar a otros, Dios asume la responsabilidad por tus problemas. Y esa es una verdadera bendición, porque Él maneja mucho mejor tus dificultades que tú.[1]

---

1. Rick Warren, "The Four Laws of God's Blessing", Pastor Rick's Daily Hope, 21 de mayo de 2014, consultado el 26 de mayo de 2016, http://rickwarren.org/devotional/english/the-four-laws-of-god-s-blessing_814.

¿Qué pensamientos y preocupaciones dominan a diario tu mente? ¿Qué te conmueve y te llena de gozo, enojo o tristeza? ¿Cómo prefieres gastar tu tiempo, energía y dinero? Las respuestas a estas preguntas revelarán dónde te encuentras en el espectro entre estar centrada en ti misma o estar enfocada en otras personas.

Orgullo

Cuando descuidamos arrancar la maleza del egocentrismo, este se introduce en nuestras relaciones como orgullo. Aunque podamos ver a otras personas a nuestro alrededor y reconocer sus necesidades, el orgullo nos lleva a hacer lo que nos parece bueno para nosotros en vez de hacer lo que es bueno para otros.

Por ejemplo, echa un vistazo a mi hogar durante una hora regular de cena no hace mucho tiempo.

—Cariño, estos fideos están listos —anunció mi esposo desde la cocina, señalando con la cabeza hacia una olla burbujeante.

—*Soy yo* quien está preparando la cena —expresé—. *Déjame* decidir cuándo están listos los fideos.

—Uy, solo estaba tratando de ayudar.

—No, no tratabas de ayudarme. Estabas diciéndome qué hacer.

Cielos. ¿Qué está pasando aquí? Si yo hubiera escuchado claramente las palabras que mi esposo había pronunciado y solo las palabras que realmente había declarado, me habría dado cuenta de que simplemente estaba ofreciendo una observación útil. Pero a menudo mi orgullo se apoya en lo que llamo "interpretación de Becky", que me hace malinterpretar una conversación amigable.

Para demostrarlo, reproduzcamos la escena con subtítulos.

Esposo: Estos fideos están listos.

Interpretación de Becky: No sabes cocinar fideos, mujer.

Yo: *Soy yo* quien está preparando la cena. *Déjame* decidir cuándo están listos los fideos.

Interpretación de Becky: También tengo un título universitario, compañero. No eres el único inteligente en esta familia. El solo hecho de que tú lleves un maletín y yo esté usando este delantal desaliñado no significa que yo sea incompetente. ¡Puedo hacerme cargo de los fideos! ¡Fuera de mi espacio!

Esposo: Solo estaba tratando de ayudar.

Interpretación de Becky: No sabes preparar fideos, mujer.

Yo: No, no tratabas de ayudarme. Estabas diciéndome qué hacer.

Interpretación de Becky: Crees que no puedo hacer nada bien. Siempre estás criticándome. Solo déjame vivir en paz, ¡amigo! ¡Sé cómo se preparan los estúpidos fideos!

Bueno, ahora veamos esto desde una perspectiva de mujer razonable. ¿Podría ser posible que mi esposo estuviera solo tratando de evitarme la pena de una pasta desabrida? Quiero decir, él sabe cuánto me gusta un buen plato de fideos. ¿Y si (*¡ay!*) el comentario benigno de mi esposo pretendía, en realidad, bendecirme?

Sin embargo, yo aplasté su bendición con mi henchido orgullo.

¡Oh!

Debemos tener cuidado con las interpretaciones retorcidas del "yo", y humillarnos para recibir la bendición del dador.

> Jóvenes, estad sujetos a los ancianos; y todos, sumisos unos a otros, revestíos de humildad; porque: Dios resiste a los soberbios, y da gracia a los humildes (1 Pedro 5:5).

Creerse con derechos

Otra característica del egoísmo es creerse con derechos, o la maleza "me lo merezco todo". Brota cada vez que nuestro orgullo echa raíces, algo así:

> *Merezco que me traten mejor.*
> *No quiero hablar de este problema.*
> *¡Tengo derecho a saber qué está pasando aquí!*

Oh, ¿de veras? Es verdad que, como hijas de Dios, tenemos gran valor intrínseco. Sin embargo, debemos tener cuidado en cuanto a exigir nuestros "derechos" porque, como ya hemos establecido, somos pecadoras. ¿Y sabes qué dice la Biblia al respecto? "La paga del pecado es muerte" (Romanos 6:23). Así que no permita el cielo que recibamos lo que merecemos.

Como cristianas (salvadas de nuestro terrible destino mediante el amor y la gracia de Dios) somos llamadas a seguir a Jesús como nuestro ejemplo. Ni siquiera Jesús, el Hijo de Dios, reclamó sus "derechos". Los crucificó.

> La actitud de ustedes debe ser como la de Cristo Jesús: aunque él era igual a Dios, no consideró esa igualdad como algo a qué aferrarse. Al contrario, por su propia voluntad se rebajó, tomó la naturaleza de esclavo y de esa manera se hizo semejante a los seres humanos. Al hacerse hombre, se humilló a sí mismo y se hizo obediente hasta la muerte, ¡y muerte en la cruz! (Filipenses 2:5-8, NBV).

Envidia

Es muy difícil bendecir a quien envidias. Cuando deseas las cosas de otra persona —su estilo de vida, apariencia, dinero o talentos— es fácil verla como competencia. Lo cual significa, admítelo, que preferirías verla derribada antes que levantada.

La envidia florece en maneras que menos esperamos.

—Mamá, Ciro y Ana son realmente buenos lectores —me contó mi hija esta noticia un día después de recogerla del jardín de infancia—. Van a su propia clase especial de lectura porque son muy, pero muy, buenos leyendo. Y mamá, ¡están leyendo *La telaraña de Carlota!* ¿No es eso realmente bueno?

—Es maravilloso, cariño —le contesté sonriéndole con los nervios crispados—. Me alegra que estés contenta porque tus amigos saben leer muy bien.

—Sí.

—¿Sabes? —añadí—. Diferentes niños son buenos en diferentes

cosas. Ciro y Ana son buenos en lectura, pero tú eres buena en matemáticas y tocando el piano, y en muchas otras cosas.

—Lo sé, mamá —respondió ella encogiendo los hombros como si esas realidades fueran irrelevantes. Quiero decir, aquí estábamos hablando de Ciro y Ana. ¿Qué tenían que ver las habilidades de *ella* con esta conversación?

Fue entonces que comprendí que las intenciones de mi hija eran puras. Ella estaba auténticamente feliz por sus amigos. No había ni pizca de envidia presente en ninguna parte de su mente.

Pero sí en la mía.

Quiero decir, vamos, ¿*La telaraña de Carlota*? ¿En el jardín de infancia?

Confieso que mi primer pensamiento fue este: *Tu hermana mayor leyó* La telaraña de Carlota *en el jardín de infancia. Así que ahí lo tienes. Nosotras también somos inteligentes.*

Y mi segundo pensamiento fue este: *¿Está mi hija de cinco años quedándose atrás?*

¡Oh, por favor!

¿Ves con qué rapidez la envidia y comparación pueden introducirse y retorcer el cerebro de una mujer inteligente? En lugar de estimular el deseo de mi hija de festejar a sus amigos, volví mi atención hacia el interior. Intenté proteger mi propia posición en lugar de aplaudir la de otra persona. Y dejé de compartir con mi hija una hermosa cualidad que es todo lo contrario a la envidia.

Gozo comprensivo.

¿Cuándo fue la última vez que estuviste auténticamente feliz porque alguien consiguió algo que querías? Me refiero a gozo sin mancha por celos o preocupación personal.

El problema con la envidia es que hace la vida mucho más complicada. Comenzamos a cuestionarnos y a cuestionar nuestras habilidades y nuestros dones. Dudamos de la bondad de Dios para con nosotras, como si Él no supiera qué es lo que más nos conviene, o peor, como si lo supiera y no quisiera dárnoslo.

Lo sabemos muy bien.

> El Señor es nuestra luz y nuestra protección. Él nos da gracia y gloria. *Ningún bien se les negará* a quienes hagan lo que es justo (Salmos 84:11, NBV).

Así que, tal vez la situación sea realmente tan sencilla como esto: sé feliz por las demás personas, punto. Comprende que la ganancia de otra persona no es tu pérdida. Dios ordena gozo y tristeza en cada vida. Apoyémonos unas a otras a través de esto.

Distracciones

Cada hora probablemente reviso mi teléfono una docena de veces o más. Correos electrónicos, mensajes de texto, clima, fotos, Facebook, Instagram, Voxer (*Señor, ¡ayúdame!*) estas son malezas que compiten por mi atención al mismo tiempo que mis hijas están dando volteretas en el césped.

No me malinterpretes, la tecnología en sí no es diabólica. Creo firmemente que los cristianos tenemos la responsabilidad de usarla para bien. Pero como una madre que trabaja en casa, es peligrosamente fácil dejar que el tiempo de trabajo se filtre en el tiempo familiar. Entonces empiezo a mirar a mis seres amados como la distracción, en lugar de al revés.

¿Y tú?

La realidad es que es imposible bendecir a alguien a quien no tomas en cuenta. Cuando nos distraemos por exigencias externas perdemos de vista las oportunidades a nuestro alrededor. Los dispositivos móviles no son los únicos culpables. Las distracciones vienen en forma de estrés, vencimientos, calendarios sobrecargados, preocupaciones, temores y muchas cosas más. Todo esto junto puede engendrar una cubierta vegetal que impide que sobresalgan los brotes sanos de la perspectiva.

A menos que Dios hunda un azadón en el suelo y destruya esas malezas de una vez por todas. Se parece un poco a esto:

Me senté en la mesa de la cena familiar un lunes normal por la noche, cortando una chuleta de cerdo y escuchando a mi hija de cinco años que recitaba las actividades favoritas del día: recreo, tiempo de refrigerio, soplar burbujas de jabón en el patio.

En el momento en que yo agarraba arroz con el tenedor, lo escuché: un sonido ahogado y gutural que venía del otro lado de la mesa. Mi cabeza se estremeció, y en un instante comprendí.

Mi hija de ocho años estaba ahogándose.

En un solo movimiento, mi esposo saltó de su asiento, levantó a nuestra hija sobre su antebrazo y le propinó una palmada en la espalda. ¡Alabado sea Dios!, la obstrucción de la niña se le desprendió de la garganta y la escupió sobre la mesa. Abracé a mi hija y no la solté.

En momentos así, una mamá se da cuenta de lo que tiene. Y de lo que podría perder.

—¿Estás bien? —le pregunté a mi hija mientras le sostenía el rostro con ambas manos y la miraba directo a los ojos.

—Sí, mamá —susurró, asintiendo con la cabeza.

—Bueno, ¡supongo que no volveremos a comer esas chuletas de cerdo! —exclamó mi esposo, tratando de relajar el ambiente.

Sin embargo, yo sabía que él también estaba asustado. Nuestra hija se sentó en mi regazo durante el resto de la cena, aunque ya no teníamos hambre ninguno de nosotros.

El incidente de ahogo en sí probablemente duró solo unos siete segundos, pero en mi pánico experimenté toda la prueba en cámara lenta. Entonces la adrenalina me recorrió el cuerpo, y me esforcé por no llorar. De repente vi a mi hija bajo una nueva perspectiva.

No como la niña que regañé dos minutos antes por pinchar a su hermana con una cuchara.

No como la niña que desperdició un plato perfectamente bueno de verduras y luego pidió helado.

No como la niña cuya tarea escolar drena parte de mi menguante energía noche tras noche.

Una vez más ella fue mi regalo. Fue como si cayeran escamas

de mis ojos y, durante el resto de la noche y todo el día siguiente, siempre que miraba a mi hija lo hacía con más claridad por quién realmente es: una posesión preciada en préstamo por parte de Dios. Y me estremecí al recordar que Él tiene el derecho de llevársela en cualquier momento.

La pregunta es: ¿Cómo estoy pasando los momentos que Él me da? ¿Con los ojos pegados a una pantalla? ¿Con la cabeza recorriendo listas de tareas pendientes, de modo que físicamente estoy presente pero mentalmente me encuentro en otra galaxia?

No debería tener lugar un incidente de vida o muerte para darnos cuenta de cuánto significan para nosotros nuestros seres amados. Sea cual sea el trabajo pesado que hayas planeado hoy, ¿lo dejarás de lado durante un minuto para abrazar fuerte a tus hijos? Dile a tu esposo que lo amas. Llama a una amiga y ríe, porque ninguna de nuestras distracciones realmente importa en comparación con las personas que el Señor nos ha dado. Bendigamos a quienes nos rodean mientras tengamos la oportunidad.

> Ante todo, tened entre vosotros ferviente amor, porque el amor cubrirá multitud de pecados (1 Pedro 4:8).

Fatiga

Los bebés comen a medianoche. La gripe estomacal azota la casa. El trabajo trae largos días y noches sin dormir. Hay miles de razones para sentirnos agotadas. Y cualquier mujer que haya tratado de funcionar con dos horas de sueño sabe que la palabra *cansada* es solo otra expresión para *malhumorada*.

A veces, simplemente no tenemos suficiente energía para extendernos más allá de nosotras mismas.

Desearía tener una solución perfecta para eso.

No la tengo.

No obstante, tengo un abrazo para ti, mi hermana ojerosa. Estoy contigo. La fatiga es inevitable en ciertas temporadas de la vida.

Así que oremos para que Dios nos conceda un grado sobrenatural de energía. Oremos para que Él mantenga vigilada la puerta de nuestros labios (Salmos 141:3), para que no convirtamos el agotamiento en enemistad.

Sobre todo, apacible y soñolienta amiga, date un poco de gracia. Ni una sola de nosotras es perfecta, especialmente cuando estamos cansadas. Concéntrate en las bendiciones que hoy día obsequias, no en las que retienes. Mañana será otro día; una nueva fase siempre está a la vuelta de la esquina, y la vida podría parecer completamente distinta después que el Señor te conceda descanso.

> Él da esfuerzo al cansado, y multiplica las fuerzas al que no tiene ningunas. Los muchachos se fatigan y se cansan, los jóvenes flaquean y caen; pero los que esperan a Jehová tendrán nuevas fuerzas; levantarán alas como las águilas; correrán, y no se cansarán; caminarán, y no se fatigarán (Isaías 40:29-31).

Reflexión personal

1. ¿Cuáles de las seis malas hierbas del "yo" encuentras más en ti? ¿Por qué?

2. ¿En qué formas exigir derechos aparece en tu vida diaria y tus relaciones?

3. Termina esta frase. *Merezco* ______________. ¿Cómo esa declaración se compara con la verdad de las Escrituras?

4. Lo opuesto a orgullo es humildad. ¿Qué significa ser humilde? ¿Cómo puede un espíritu humilde prepararnos para bendecir a otros? (Explora Romanos 12:3; Juan 3:30; Proverbios 11:2; Jeremías 9:23-24).

5. La Biblia dice que el amor "todo lo sufre, todo lo cree, todo lo espera, todo lo soporta" (1 Corintios 13:7). En este contexto, "todo lo cree" no significa ser crédulo o influenciable fácilmente, sino más bien que amar a alguien significa que decides ver lo mejor en él o ella. De manera predeterminada, el criterio que tengas de esa persona es el mejor escenario posible. Deseas darle el beneficio de la duda. ¿Es eso cierto respecto a tus relaciones? ¿Por qué no?

6. Piensa en una situación en que sentiste envidia. ¿Cuál fue tu actitud hacia la persona que envidiaste? ¿Cómo dificulta la envidia el otorgamiento de bendiciones?

7. Examina de cerca tu agenda. ¿Refleja un enfoque en otras personas? ¿O se enfocan la mayor parte de tu tiempo y atención en aspectos personales?

8. ¿Has tenido alguna vez un tiempo de fatiga? Quizás te encuentres agotada en este momento. ¿Cómo afecta la fatiga a tus relaciones y obstaculiza tu capacidad de bendecir a otros? ¿Estás pidiendo energía y gracia a Dios? Aliéntate; Él te concederá la energía que necesitas para seguir adelante. "La palabra de Dios es viva y eficaz" (Hebreos 4:12), lo cual la hace activa, operativa, *energizante* y poderosa.

Amor en acción

A menudo podemos estar ciegas a nuestros defectos. En una escala de 1 a 10, evalúa si eres más egocéntrica (1) o si estás más centrada en otros (10). Luego pídeles a tres amigas cercanas y de confianza o a miembros de la familia que contesten la misma evaluación acerca de ti. ¿Revelan sus respuestas algunos puntos ciegos?

— Capítulo 4 —

Las herramientas para bendecir a otros

Mi hija mayor aprendió a coser cuando tenía siete años. En los últimos años ha acumulado una buena colección de útiles (o utensilios) de costura, desde agujas, alfileteros y carretes de hilo hasta tijeras para zurdos y abre ojales, y su propia máquina de coser Singer, un regalo especial de Navidad de parte de su abuelita.

Ahora, cuando quiere coser una almohada, mi hábil hija puede *hacerlo*, porque posee todo lo que necesita en conocimiento y equipo para realizar la tarea.

Todo el mundo necesita herramientas. No importa la clase de actividad que realices, ya sea coser, esquiar, trabajar en el jardín o explorar cuevas (cualquier cosa), es útil tener el equipo adecuado. Y bendecir a las personas no es diferente. Necesitamos herramientas —es decir, ciertos conocimientos y estrategias— que nos ayuden a hacerlo bien. A esto lo llamo *Las herramientas para bendecir a otros*. Examinemos ocho principios básicos que debemos tener en cuenta al comprometernos a bendecir a otras personas.

Permanece en la Vid

¿Has tratado alguna vez de conducir el auto con el tanque vacío? Es imposible, ¿verdad? Sin gasolina en el tanque puedes tratar todo lo que quieras para que arranque el motor, pero lo único que conseguirás es agotar la batería.

Lo mismo ocurre con Dios. Lo necesitamos como un auto necesita combustible, o de lo contrario nunca saldremos del garaje.

> Yo soy la vid, vosotros los pámpanos; el que permanece en mí, y yo en él, éste lleva mucho fruto; porque separados de mí nada podéis hacer (Juan 15:5).

Cuando me preparaba para escribir este libro les pedí a algunas amigas que aceptaran un "desafío de bendecir". Debían elegir a una persona para bendecirla de manera constante e intencional durante dos meses, y luego debían informarme.

Mi amiga Becky descubrió una lección inesperada.

> Mi objetivo era bendecir a mi esposo y mis hijos en cómo les hablo: menos palabras directas y carentes de emociones, y más palabras amables y alentadoras. Con toda sinceridad, fallé en el reto. Luché deliberada y conscientemente para cambiar mis palabras hacia mi familia. Es más, mi caminar espiritual se esforzó durante muchas de las semanas en que se suponía que yo debía hacer esto. Sin embargo, en medio de este fracaso descubrí algo importante acerca de bendecir a otros.
>
> Dios me mostró que cuando caminaba con Él, disfrutando la presencia de su compañía antes que cualquier otra cosa y sin siquiera pensar en bendecir a propósito a otros, ¡terminé bendiciendo a otros! El tiempo pasado en su presencia se derramó en quienes me rodeaban sin que lo hubiera planeado conscientemente. Di generosamente a extraños en la calle, hablé con amabilidad a aquellos en mi mundo y todo fue obra de Dios. Él en mí. Cuando no caminaba con Dios, cuando permitía que las demandas de la

vida eclipsaran mi tiempo con Él, mi enfoque se volvía interno, e incluso tratar conscientemente de bendecir a otros fue difícil. Podía hacerlo, pero faltaba algo. Faltaba *Él*. La bendición tenía que ver con mi esfuerzo, y quería que me reconocieran lo que estaba haciendo.

La clave para bendecir a otros es esta: Haz de Dios tu máxima prioridad. Pasa tiempo con Él, orando, adorando, leyendo tu Biblia. Profundiza tu relación con Cristo y Él se convertirá en una parte tan importante de tu carácter que su amor se desbordará.

> Dios es el que en vosotros produce así el querer como el hacer, por su buena voluntad (Filipenses 2:13).

Mi hermana, esto es lo que nos distinguirá a ti y a mí del resto del mundo. Cualquiera puede hacer buenas obras. Pero solamente los cristianos pueden bendecir con el amor incondicional de Cristo.

Empieza con tu Jerusalén

No me gusta cocinar. Quiero decir, me gusta la comida, pero desearía que apareciera mágicamente, algo así como el estofado de cordero en *Los juegos del hambre*. Eso sería fabuloso. Hay muchas otras cosas que preferiría hacer además de cocinar, y que *tengo que* hacer realmente como escribir, estudiar la Biblia, depilarme las cejas, lo que sea. Soy una mujer ocupada. Mi lista de tareas pendientes nunca termina.

Entonces, cuando mi esposo asoma la cabeza por la puerta de mi oficina y dice algo descortés como: "Cariño, ¿qué hay para cenar?", contesto: *¿Quéééééé? ¿Cena? Prepárate un bocadillo, amigo. Estoy en una fecha de entrega.*

El problema es que mi familia necesita comer. Y alguien debe alimentarlos. Sí, mi esposo puede hacer el trabajo (y con frecuencia lo hace), o podemos pedir pizza (no me juzgues), pero como soy una cocinera perfectamente capaz, en ocasiones no puedo justificar realmente el hecho de no cocinar para mi gente.

He aquí una difícil realidad. Somos llamadas a servir a nuestras familias *antes* de servir a alguien más. En la primera escena del libro de los Hechos, Jesús resucitado se aparece a los discípulos y les ordena que difundan la historia del evangelio. Les declara: "Me seréis testigos en Jerusalén, en toda Judea, en Samaria, y hasta lo último de la tierra" (Hechos 1:8). Los capítulos siguientes describen luego el avance del cristianismo desde Jerusalén, la base de los discípulos, hacia las regiones circundantes y más allá.

¿Qué significa eso para nosotras? Esencialmente, que el ministerio empieza en casa.

Eso no quiere decir que no podamos también servir a otros, extender nuestras bendiciones y ministrar a quienes viven en la casa vecina o en el otro lado del océano; hablaremos mucho sobre esto en las próximas páginas. No obstante, si bendecimos a otros y no a nuestra propia familia, o peor, si bendecimos constantemente a otros a expensas de nuestra propia familia, entonces hemos entendido el sistema al revés.

> Porque el que no sabe gobernar su propia familia, ¿cómo podrá cuidar de la iglesia de Dios? (1 Timoteo 3:5, NVI).

Mi amiga y colega escritora Courtney DeFeo lo sabe de primera mano. Como fundadora de Light 'Em Up, un ministerio que fomenta actos fortuitos de bondad, Courtney pasa mucho tiempo bendiciendo a su comunidad. Me comentó: "Todo fue alegría y diversión durante un par de meses, hasta que comprendí una verdad muy dura: Me hallaba más emocionada, motivada y dedicada a ser amable con extraños absolutos que con mi propia familia. ¡Ay!". Por tanto, rápidamente ella hizo ajustes.

"Durante todo un mes me enfoqué en bendecir primero a mis hijos. Gasté la misma cantidad de energía creativa merodeando por nuestra casa dejando desde pequeñas notas hasta golosinas y cosas por el estilo, buscando maneras de mostrar que los míos me importaban de veras. Mi corazón volvió a encarrilarse. Ahora creo que nunca amaré bien a otros a menos que aprenda a amar primero a mis hijos".

Ninguna bendición es demasiado pequeña

Unos aretes de diamantes producen mucha emoción. Unas vacaciones tropicales son memorables. Pero una culminación de simples bendiciones puede significar mucho más con el tiempo.

"Cuando recién nació nuestro hijo y yo me adaptaba por primera vez a la maternidad —me dijo mi amiga Gina—, cuidar de la higiene personal significaba mucho más que una rápida ducha aquí y allá, y estaba deprimiéndome. En los 'viejos tiempos' me gustaba tomar baños de burbujas y siempre tenía las uñas bien pulidas. Siempre recordaré el día en que mi esposo dijo: 'Cariño, me voy a llevar al bebé por un rato. Métete en la bañera y ponte esmalte en las uñas'. Todavía tengo los ojos llorosos por eso".

Amar es un esfuerzo diario y predeterminado; tiene que ser sostenible. Los grandes gestos son encantadores, pero no son factibles todos los días. Por tanto, no supongas que debes hacer cosas en grande para bendecir a otra alma. Ninguna bendición es demasiado pequeña. Las nimiedades se suman. Y, finalmente, infunden a nuestras rutinas comunes la sagrada fragancia del amor sacrificial.

> Andad en amor, como también Cristo nos amó, y se entregó a sí mismo por nosotros, ofrenda y sacrificio a Dios en olor fragante (Efesios 5:2).

Sé una animadora entusiasta

Mi hermana mayor fue una animadora entusiasta en las competencias de lucha libre en la escuela secundaria. Su equipo se sentaba sobre almohadones junto a las lonas de lucha, aplaudiendo, golpeando el piso y entonando cantos entusiastas. Cada vez que un luchador quedaba atascado, tensionando cada vena del cuerpo debido a una pérdida inminente, las porristas gritaban más fuerte. Aplaudían más duro. Hacían uso de sus poderosas voces para alentar al joven atleta hasta que volvía a encontrar su fortaleza. A veces, créelo, las porristas establecían realmente la diferencia entre ganar y perder.

Las palabras tienen una manera de hacer eso.

¿Cómo estás usando las tuyas?

Te hablaré de algo que puede destruir una bendición incluso antes que empiece: la crítica. Y no me refiero a la crítica constructiva, sino a ofensas, calumnias o juicios. O incluso a no decir absolutamente nada cuando lo que la persona realmente necesita es ánimo.

> Manzana de oro con figuras de plata es la palabra dicha como conviene (Proverbios 25:11).

Tenemos el poder de afectar a las personas con nuestras palabras. Efesios 4:29 declara: "Ninguna palabra corrompida salga de vuestra boca, sino la que sea buena para la necesaria edificación, a fin de dar gracia a los oyentes". ¿Quieres bendecir a las personas? Háblales con amabilidad. Ofréceles aprobación. Diles la verdad con bondad y respeto. Aliéntalos. Si vamos a amar generosamente, animar debe convertirse en hábito. Por sí solo, eso puede cambiar el ambiente que nos rodea.

> Panal de miel son los dichos suaves; suavidad al alma y medicina para los huesos (Proverbios 16:24).

Elige las cintas correctas

He descubierto un remedio para todos los hábitos molestos de mi esposo.

Dejo de pensar en ellos.

Como cuando abre la puerta del microondas dos segundos antes que suene el temporizador. Entonces, cuando más tarde miro el reloj con la esperanza de ver algo razonable como 7:48, titila :02, :02, :02, lo cual no me dice nada, excepto que hay un hombre en la casa que quiere fastidiarme.

O cuando camina tres pasos delante de mí en el supermercado, como si no participáramos activamente en leer juntos etiquetas de cereal y ajustes de precios de mantequilla de maní. Entonces, una vez que en mis brazos hay apilados frascos y cajas, el señor Comprador Vertiginoso ya está en el siguiente pasillo… empujando el carrito de compras.

Esto me enloquece. Podría pasar todo el día pensando en eso.

Sin embargo, no lo hago.

En cambio, intento enfocarme en todas las cosas que él hace bien.

Mi esposo es leal.

Es sincero.

Es un héroe para nuestros hijos.

Me hace reír.

Sabe cómo reemplazar un foco.

A esto llamo "elegir las cintas correctas". Si tienes menos de treinta años, la palabra *cintas* en este caso no tiene nada que ver con la variedad de cintas aislante, adhesiva u otras. Hace mucho tiempo llamábamos cintas magnetofónicas a esos pequeños dispositivos plásticos que solíamos meter en el tablero de instrumentos de los autos para reproducir música, antes que vinieran equipados con reproductores de CD. Ya sabes, cuando George Washington era presidente.

En viajes largos de ida y vuelta a la universidad, yo metía una de esas cintas en el reproductor, pulsaba la tecla Repetir, y escuchaba mis melodías favoritas una y otra vez hasta que podía cantar cada palabra de memoria.

Así es como amamos a las personas. Memorizamos sus cualidades positivas. Y les damos el beneficio de la duda.

Todo lo que es verdadero, todo lo honesto, todo lo justo, todo lo

> puro, todo lo amable, todo lo que es de buen nombre; si hay virtud alguna, si algo digno de alabanza, en esto pensad (Filipenses 4:8).

Perdona rápidamente

¿Qué haces cuando alguien te lastima? Tal vez te metes en la cama con una caja de pañuelos, endureces el corazón y te aíslas, decidiendo nunca volver a dejar que alguien se te acerque. O quizás arrojas fuego por la nariz y devuelves el golpe, lanzas un cepillo a través de la alcoba (mi vicio personal), golpeas unas cuantas almohadas, y le gritas a Dios: "*¿Por qué Señor, por qué a mí?*". Todos esos son reflejos naturales. Pero considera por un momento una respuesta que no viene naturalmente: perdonar.

> Sean comprensivos con las faltas de los demás y perdonen a todo el que los ofenda. Recuerden que el Señor los perdonó a ustedes, así que ustedes deben perdonar a otros (Colosenses 3:13, NTV).

Valerie es mentora en un ministerio de mujeres, madre de tres hijos adultos y abuela cariñosa. Entre las damas en su iglesia es muy amada y admirada por su sabiduría y compromiso con los valores familiares. Pero la relación de Val con su propia madre ha sido tensa desde la infancia. Las dos mujeres tienen una historia de tensión, basada principalmente en el implacable impulso de la madre de blandir su lengua como un cuchillo.

Este dolor era más soportable cuando madre e hija vivían a medio país de distancia. Pero cuando la mala salud obligó a la mamá de Val a mudarse cerca, su hija tuvo que aprender a perdonar, una y otra vez, *al instante*... por el bien de ambas.

"Cuando empiezo a sentir que esas emociones de dolor e ira bullen dentro de mí, comprendo que no puedo dejarme arrastrar. No quiero alimentar la bestia —confesó Val—. En lugar de dejar que mis emociones me controlen, debo dejar que la verdad de Dios, su Palabra, me controle. Y la verdad es que Dios es bueno y que, desde su punto de vista, esta relación al parecer sin esperanza no tiene nada de desesperanzada".

Val comprende una verdad clave de la Biblia: perdonar es una rendición diaria, una decisión constante de tener esperanza, de amar en lugar de odiar y de confiar en Dios y no en nosotras mismas. "Para perdonar a mi madre debo darme cuenta de que está destrozada, pero yo también lo estoy. A los ojos de Dios, no soy mejor que ella. Sin embargo, Él me ha perdonado. Por tanto, yo debo hacer lo mismo con mamá".

¿Significa este recién hallado perdón que la relación de Val con su madre es de pronto menos dolorosa o frustrante? Para nada.

"No me malinterpretes, mi madre es tan fastidiosa como siempre —comentó Val—. Pero, si soy capaz de perdonarla, puedo disfrutarla. Puedo reír. Puedo tener compasión. Puedo bendecirla. Y mi relación con Dios se fortalece aún más".

Muéstrate como realmente eres

Me gusta llenar mi cuenta de Instagram con hermosas fotos de mis hijas y yo abrazándonos y sonriendo, sosteniendo conos de helado, disfrutando un momento familiar armonioso en que se han corregido las arrugas de mi frente y algunos ingeniosos listados de *hashtags* te invitan a compartir el gozo de mi maravillosa vida.

Pero hablemos de lo que no ves en Instagram.

Ahora mismo estoy escribiendo estas palabras en un escritorio desordenado, frente a montones de revistas *American Girl* y artículos de manualidades (porque vivir la vida glamorosa de escritora significa compartir una oficina con una escolar de cuarto grado), y mi pie derecho está pegado al duro piso de madera porque mi media tiene un agujero. Mi esposo y yo estamos actualmente discutiendo sobre a quién le toca vaciar el lavaplatos, mi refrigeradora está llena de sobras que probablemente ya tienen pelusa, y casi estoy esperando en cualquier momento una llamada de la dirección de la escuela diciéndome que mi hija de siete años está vomitando en el baño de niñas porque esta mañana me negué a tomar en serio su dolor de estómago.

Eso, amiga, es la vida real.

Y puede que no la encuentres en Instagram.

En realidad, debería publicar este tipo de cosas en Instagram.

Sin duda te identificarás con mi sinceridad. Y es probable que alguna parte desesperada de tu voluntad valore esto más que mis relucientes fotos... por adorables que sean.

A veces la mejor manera de bendecir a otra persona es dejarle ver tu verdadero yo. Dale el regalo de ver que la vida de otra persona es tan desordenada como la de ella, y que no está sola. No está loca ni sin esperanza. Justifícale sus preocupaciones haciéndole saber que has estado allí. La transparencia prohíbe que se levanten muros entre tú y yo, y permite que las bendiciones se crucen entre nosotras, sin obstáculos. Por tanto, acepta la cruda realidad, no la escondas. Podría sorprenderte lo bien que puedes amar a otra persona simplemente al abrirte.

Cuida de ti misma

Aquí es donde me siento obligada a sentarte a mi mesa de la cocina, servirnos una taza de té y con delicadeza regañarte un poco, de hermana a hermana. No te preocupes, no serviré lo que no he masticado ya por mí misma (y durante tanto tiempo que me duelen las mandíbulas). Pero hay algo que debo decirte, algo que debes escuchar y asimilar en tus huesos. ¿Puedes digerirlo? Toma mi mano. Enfrentaremos esto juntas.

¿Estás agotada, mi hermosa amiga? ¿Malhumorada? ¿Vacía? ¿Sometida hasta tal punto que te enervas y resientes con las personas que exigen tu tiempo, tu atención, tus bendiciones? *He vivido eso.* Confieso que hay días en que aún lo experimento. Es hora de que aprendamos a manejar nuestra última herramienta: el cuidado personal. Con esto me refiero a pensar en ti (sí, ¡en ti misma!) mientras atiendes a otros. Este es un tema tremendo, muy malinterpretado y que merece su propio libro, por favor. Pero, por ahora, esto es lo que deseo que sepas. Permite que esta verdad ancle todos tus esfuerzos por demostrar amor generoso.

Bendición no equivale a martirio.

A primera vista podrías suponer que cuidado personal y altruismo no pueden coexistir, como si uno negara al otro. Pero eso, simplemente, no es verdad. Cuidar de nosotras es vital para el proceso, es lo que nos refresca y nos permite hacer la obra que Dios nos encomendó.

Tomemos por ejemplo a Elías.

En los días del Antiguo Testamento, Elías era un profeta con gran fe en Dios. Se enfrentó a una poderosa reina pagana y a su falso dios Baal, ¡y ganó! Pero la reina, Jezabel, se puso tan furiosa con Elías por ponerla en ridículo que envió a sus hombres a cazarlo y matarlo. ¡Qué ministerio tan estresante el de Elías! Así, pues, ¿qué hizo?

Se dio por vencido. El pobre hombre en realidad huyó al desierto y le dijo a Dios: "Basta ya, oh Jehová, quítame la vida". ¿Qué? Elías, el superprofeta, no solo estaba exhausto y desanimado, ¡prácticamente era un suicida!

> Y echándose debajo del enebro, se quedó dormido; y he aquí luego un ángel le tocó, y le dijo: Levántate, come. Entonces él miró, y he aquí a su cabecera una torta cocida sobre las ascuas, y una vasija de agua; y comió y bebió, y volvió a dormirse. Y volviendo el ángel de Jehová la segunda vez, lo tocó, diciendo: Levántate y come, porque largo camino te resta. Se levantó, pues, y comió y bebió; y fortalecido con aquella comida caminó cuarenta días y cuarenta noches hasta Horeb, el monte de Dios. Y allí se metió en una cueva, donde pasó la noche (1 Reyes 19:4-9).

¿Le soltó el ángel una reprimenda a Elías? ¿Le dio una charla motivacional? ¿Le ordenó que orara, que recitara las Escrituras o que volviera a casa e hiciera su horrible trabajo? No. Lo alimentó.

Lo hizo dormir. Le dio la oportunidad de reponer sus fuerzas, lo que le restauró el valor. Así me dijeron uno de mis pastores y otras personas: "A veces lo más sagrado que puedes hacer es dormir una siesta".

Dios se interesa por tu bienestar físico y mental. Él te hizo mortal, conoce tus limitaciones y te ama. Así que cuida ese cuerpo que el Señor creó, la casa en la que mora su Espíritu. Solo entonces podrás de verdad darte cuenta de tu capacidad para servirle y amar bien a otras personas.

Reflexión personal

1. Revisa las ocho estrategias descritas en nuestra caja de herramientas para bendecir a otros. ¿Con cuál de ellas te identificas más? Evalúa cuán bien manejas cada herramienta/principio (en una escala de 1 a 5, siendo 1 "no sirvo para esto" y 5 "soy el ejemplo de la grandeza"). Resalta los aspectos en que debes mejorar más.

Permanece en la Vid	1	2	3	4	5
Empieza con tu Jerusalén	1	2	3	4	5
Ninguna bendición es demasiado pequeña	1	2	3	4	5
Sé una admiradora entusiasta	1	2	3	4	5
Elige las cintas correctas	1	2	3	4	5
Perdona rápidamente	1	2	3	4	5
Muéstrate como realmente eres	1	2	3	4	5
Cuida de ti misma	1	2	3	4	5

2. Considera tus palabras y acciones diarias. ¿Eres más amable con los demás (extraños, amigos, compañeros de trabajo) que con tu propia familia? ¿Por qué sí o por qué no?

3. ¿Tienes la tendencia a que tu mente quede fija en quejas o

pensamientos negativos respecto a ciertas personas en tu vida? Lee 2 Corintios 10:5. ¿Cómo puedes aplicar este versículo a tus relaciones?

4. Lee Colosenses 3:13-14. Analiza la relación entre amor y perdón en este pasaje. ¿Por qué debemos perdonar a los demás? ¿Cómo nuestra disposición de perdonar afecta nuestra capacidad de amar generosamente?

5. ¿Consideras tu vulnerabilidad como una debilidad o una fortaleza? Lee 2 Corintios 12:9. ¿Cómo el hecho de ser real con los demás puede ser una bendición para ellos?

6 Deuteronomio 4:9 (nvi) manifiesta: "¡Tengan cuidado! Presten atención y no olviden las cosas que han visto sus ojos, ni las aparten de su corazón mientras vivan". Medita en cómo el cuidado personal es vital para prestar atención a tu alma. Cuando estás agotada, ¿te vuelves más amable o más rezongona? En otras palabras, ¿es más o menos probable que muestres las virtudes cristianas que te han enseñado?

7. Para ampliar la pregunta anterior, ¿cómo el hecho de ser negligente en cuidar de ti puede disminuir tu testimonio para Cristo? A la inversa, ¿cómo puede el cuidado personal mejorar en última instancia tu capacidad de bendecir a otras personas y, al hacerlo, mostrarles a Dios? Revisa Mateo 5:16.

8. ¿Qué otras "herramientas" agregarías a tu caja para bendecir?

Amor en acción

Esta semana elige a alguien cercano a ti y cólmalo cada día de pequeñas bendiciones. Practica las estrategias de herramientas para bendecir a fin de que te ayude a mantenerte enfocada. ¿Cuál fue el resultado?

— Capítulo 5 —

Cuatro pasos para bendecir a otros

#1 Presencia

Mi cuñado y su esposa viven en Minnesota, cerca del centro comercial Mall of América. Disfruto cada oportunidad que tenemos de visitarlos porque, bueno, los amo, pero también por la megatienda IKEA. Eso significa, mi amiga, miles de metros cuadrados llenos de artículos modernos y funcionales para el hogar que alguien como yo, estimulada por la decoración, puede realmente usar *y* pagar. Me enloquezco de solo pensarlo.

La sola sala de exposición vale la pena el viaje de cinco horas. Empujo mi carrito azul de compras por la sección de cocina —tan hermosos platos, espátulas por un dólar, un carrito de frutas— ¡*necesito* un carrito de frutas! Luego la sección de baños: toallas, jaboneras, ganchos para cortinas de ducha, ¡Ay! Y cuando llego a la sección de oficina en casa, que alguien me cachetee ahora porque yo podría pasar horas soñando con mi nuevo escritorio espacial, mis estanterías, mis portalápices… ¡Oh! ¿Has visto los pequeños y adorables portalápices?

Bueno, no puedo afirmarlo con seguridad, pero creo que el cielo tiene un IKEA, y que todas las etiquetas de precios están marcadas: "Esto lo pago yo... con amor, Dios".

¿A dónde quiero llegar?

Deseo que pienses en bendiciones como una megatienda IKEA. Llámalo Supermercado del Amor Generoso, lleno de miles de artículos (bendiciones) en todos los tamaños, formas y colores, todos organizados en departamentos o tipos de bendiciones. A estos los llamo departamentos de los cuatro pasos: Presencia, Posesiones, Perspectiva y Oración. Son las principales categorías por las que podemos y debemos bendecirnos mutuamente.

En los siguientes capítulos exploraremos uno por uno estos cuatro pasos y descubriremos el gozo de dar a través de una variedad de aplicaciones. ¿Tienes listo tu carrito de compras? Vamos.

Marta tiene mala fama

Soy una madre que trabaja en casa. Generalmente eso significa que estoy en casa cualquier día de la semana. Trabajando. Y desde septiembre hasta mayo, entre las 8:30 de la mañana y las 3:00 de la tarde, la vida es buena. La vida es GRANDIOSA. Mis hijas están en la escuela, y me encuentro en mi escritorio con mi computadora y mi calendario Google, que es como el sol alrededor del cual gira nuestro pequeño planeta Kopitzke.

Pero ¿qué del resto del tiempo? Me refiero a los sábados y a los meses de verano? Vaya, sí que me cuesta. Estoy diciéndotelo en este momento, no es culpa mía, sino de mis hijas. Es más, estoy convencida de que en realidad no son niñas sino osos perezosos. Di a luz perezosos.

Seguro, ellas pasan por seres humanos, con sus llamativas colas de caballo y sus oraciones gramaticales completas en inglés. Pero no permitas que te engañen. Estas niñas se transforman en mamíferos en cámara lenta tan pronto como les dices que se muevan.

—Pónganse los zapatos, niñas. En cinco minutos saldremos

para el karate —ordené, mientras corría por la casa empacando bocadillos y botellas de agua, me ponía una capa rápida de brillo labial y buscaba mi teléfono.

Cinco minutos después mis hijas aún tenían sus traseros sin despegar del sofá.

—¡Niñas! ¿Qué dije? Es hora de ir al karate. Apaguen la televisión y pónganse los zapatos.

—No quiero ir al karate hoy —gruñó la menor de las criaturas—. Quiero quedarme en casa.

—De ningún modo. Te gusta el karate. Vámonos. Ponte los zapatos.

—¿Teneeeeeemos que ir? —preguntó la hermana mayor estirándose sobre el sofá.

Apreté los puños, cerré los ojos, solté vapor por mis fosas nasales y conté hasta cinco… por mí, no por ellas.

—Niñas, ¿cuál es la regla en nuestra familia?

—Obedeceeeeer a la primeraaaaa.

Si los perezosos pudieran hablar, estoy segura de que no podrían alargar más esas palabras. Mis hijas conocen esta regla. Sin embargo, el espacio entre *conocer y hacer* es donde yo vivo, entreno y disciplino, y donde en ocasiones se me ponen los nervios de punta, lo cual no sería tan malo si tuviera el gen de perezoso también, y pudiera colgarme bocabajo del ventilador de techo para dormir una buena y larga siesta.

¿Cómo puedo aguantar a estas niñas marsupiales?

¡Mamá tiene que cumplir un horario! *¡¡Niñas, métanse en el auto o las atropello!!*

Este…

Reproduzcamos la mañana en velocidad de perezoso.

Mientras yo miraba el reloj, tratando de realizar una tarea más o de enviar un correo electrónico antes del último minuto posible para meterme en la ducha o llegar tarde (otra vez), mis niñas sentadas en la mesa de la cocina dibujaban flores y dinosaurios.

—Mami, ¡mira mi dibujo!

—*Dentro de un minuto* —grité—. *Mamá está ocupada.*

Mientras se comían sus panqueques y pedían más, contesté cinco mensajes de texto, intercambié dos cargas de ropa sucia, y olvidé completamente la información de que mis hijas aún tenían hambre.

—Mamá, ¿mi panqueque? Dijiste que podía comerme otro.

Ups.

Y mientras les gritaba que se cepillaran lo dientes y se peinaran, permanecí medio desnuda delante del espejo arreglándome el cabello y maquillándome, claramente sin demostrar puntualidad con el ejemplo. Quizás pude haberme alistado diez minutos antes a fin de tener tiempo de apreciar sus bonitas reflexiones y decirles cuán hermosas las había hecho Dios.

¿Ves el problema aquí? Espero que mis hijas entren a mi mundo, a mi existencia de ritmo vertiginoso, plazos de entrega y ruedas de hámster. Pero nunca me molesto en desacelerar dentro del mundo de ellas, para deleitarme en sus obras de arte o sus canciones tontas, y responderles su curiosidad con más de medio cerebro de atención distraído en esos momentos en que tengo lugares a dónde ir y cosas qué hacer.

Y sospecho que no estoy sola.

¿También tú haces eso?

Este no es un problema exclusivo de las madres. Podemos pasar rápidamente ante nuestros esposos, amigos, compañeros de trabajo, vecinos, la señora en la acera, o el empleado en la estación de servicio sin prestarles mucha atención. Cada una de nosotras es vergonzosamente propensa a hacer caso omiso de otras personas.

La demora de mis hijas podría ser un asunto de desobediencia, sí. Pero quizás sea también una clase de atrincheramiento, una demostración de resistencia contra el ritmo desenfrenado de su madre. ¿Y si ese fuera el caso? Podría aprender algunas cosas de ellas. Tal vez en el espacio entre *conocer y hacer* soy tan desobediente como mis niñas.

> Aconteció que yendo de camino, entró en una aldea; y una mujer llamada Marta le recibió en su casa. Esta tenía una hermana que se llamaba María, la cual, sentándose a los pies de Jesús, oía su palabra. Pero Marta se preocupaba con muchos quehaceres, y acercándose, dijo: Señor, ¿no te da cuidado que mi hermana me deje servir sola? Dile, pues, que me ayude. Respondiendo Jesús, le dijo: Marta, Marta, afanada y turbada estás con muchas cosas. Pero sólo una cosa es necesaria; y María ha escogido la buena parte, la cual no le será quitada (Lucas 10:38-42).

¿Alguien más lee esta historia y siente que un estremecimiento le recorre los nervios? Quiero decir, Señor Jesús, ten aquí un poco de piedad. Tengamos misericordia con la pobre Marta. Alguien tiene que alimentar a la gente, ¿no es cierto?

No obstante, al profundizar realmente en este pasaje vemos que el problema de Marta no eran los preparativos. Todas tenemos tareas que completar, fechas límites que cumplir y bocas que alimentar. Eso está bien. Dios nos da trabajo, y quiere que lo hagamos bien.

El verdadero problema de Marta era que estaba *distraída*.

Mira ahora tu lista de tareas pendientes. ¿Es tu problema lo que tienes que hacer, o tu *actitud* para hacerlo? ¿Preferirías estar en otro lugar, hacer otra cosa, servir a alguien más… o quizás no servir a nadie en absoluto?

¿Está volviéndote loca todo lo que se espera de ti y todas las personas que demandan un fragmento de tu energía? ¿Está tu lista de tareas pendientes haciéndote enojar con las almas a tu alrededor, igual que Marta se enojó con María y Jesús?

¿Estás perdiendo oportunidades de bendecir a personas simplemente porque te encuentras demasiado absorta en ti misma?

Si supieras que tienes una alternativa, ¿qué escogerías? ¿Tareas y distracciones? ¿O vivir el momento, absorbiendo lo que importa y ofreciendo tu presencia a quienes la necesitan y ansían, a quienes Dios dice que la *merecen*?

> No te niegues a hacer el bien a quien es debido, cuando tuvieres poder para hacerlo (Proverbios 3:27).

Sí, sé que esas tareas de Marta deben realizarse. Pero debemos incluirlas dentro de la perspectiva general, porque Jesús dice que esas tareas no son lo más importante. Nuestra *presencia* lo es. *Su* presencia lo es. ¿Y cómo podemos lograr que otros disfruten de esa presencia si estamos demasiado ocupadas para mirarlos a los ojos?

¿Qué significa bendecir con tu presencia?

A lo largo de los Evangelios vemos ilustraciones de cómo Jesús sirvió de ejemplo con su presencia al salirse de su programación con el fin de dedicar tiempo y atención a las personas a su alrededor. Él se acurruca con niños, cura cuerpos enfermos y explica lecciones espirituales a sus despistados discípulos (esos pobres tipos con los que puedo identificarme). Un ejemplo fascinante se describe en el libro de Mateo.

> Mientras él les decía estas cosas, vino un hombre principal y se postró ante él, diciendo: Mi hija acaba de morir; mas ven y pon tu mano sobre ella, y vivirá. Y se levantó Jesús, y le siguió con sus discípulos. Y he aquí una mujer enferma de flujo de sangre desde hacía doce años, se le acercó por detrás y tocó el borde de su manto; porque decía dentro de sí: Si tocare solamente su manto, seré salva. Pero Jesús, volviéndose y mirándola, dijo: Ten ánimo, hija; tu fe te ha salvado. Y la mujer fue salva desde aquella hora (Mateo 9:18-22).

Jesús era una persona muy ocupada. Tenía un trabajo muy importante qué hacer. Quiero decir, ¿curar a una niña moribunda? Ese es un itinerario bastante pesado.

Sin embargo, mientras iba a realizar esta tarea urgente se detuvo para saludar a una mujer que lo necesitaba. La curó; la bendijo. ¿Qué dice eso acerca de Jesús? Que Él está disponible, que es interrumpible y que está completamente en sintonía con lo que sucede a su alrededor, incluso en medio de una labor exigente.

Por tanto, ¿quieres ser más como Jesús? Empieza allí.

Bendecir con nuestra presencia significa dar nuestro tiempo, nuestra atención y nuestra contribución. Significa caminar al lado de otra persona, no fijar el paso desde una distancia o acosar por detrás. Y requiere que abramos nuestros ojos para ver realmente las necesidades ajenas, y luego ir más allá de nosotras mismas para satisfacer esas necesidades. Esto exige estar dispuestas a prestar atención a cualquier asunto de interés para la otra persona, a lo que la beneficie, sea o no lo nuestro.

> Nada hagáis por contienda o por vanagloria; antes bien con humildad, estimando cada uno a los demás como superiores a él mismo; no mirando cada uno por lo suyo propio, sino cada cual también por lo de los otros (Filipenses 2:3-4).

Como madre, por ejemplo, ¿quiero realmente jugar a las damas… otra vez? Por lo general, no. Tú podrías hacerlo, y eso es fabuloso. Pero las damas no es mi mejor opción para recrearme. Prefiero limpiar el baño, ¿me hago entender?

Sin embargo, en nuestro hogar, las damas es el juego de mesa favorito de mi hija. Por tanto, invertir diez minutos de mi atención en deslizar esos pequeños discos plásticos a través del tablero y permitir que ella me gane la bendecirá en maneras que no puedo comenzar a medir. Así que lo hago.

O, por otro lado, ¿disfrutas realmente rastrillando un patio lleno de hojas y luego ir al lado para rastrillar también el patio de tu vecino anciano? Seamos sinceras. Preferirías ir a dormir una siesta. Pero esta clase de ofrenda desinteresada —ofrecer tu presencia, tu disponibilidad, tu preocupación frente a una necesidad cotidiana— es exactamente lo que nuestros vecindarios anhelan. Y como cristianas estamos preparadas con la luz de Cristo para brindar servicio auténtico y amor santo con solo estar disponibles.

El hijo del granjero

Carolina es la esposa de un granjero cerca de Waterloo, Iowa. Hace seis años ella estaba criando tres hijos, uno en cada grupo de edad: adolescente, escolar e infante. Se hallaba ocupada y exhausta, pero amaba su vida "normal", como la describía en ese entonces. Ella no tenía intenciones de cambiar su estilo de vida.

Hasta que un día fue a la ciudad para visitar a su ahijada, quien vivía en un apartamento en ruinas con otros jóvenes aquejados de problemas. Entonces fue cuando conoció a Jazmín.

"Ahí estaba esa chica sentada en un colchón sucio y sin sábanas en el piso con ese bebé en un andador —Carolina recordó—. Él tenía hermosos ojos azules. Hacía frío en ese apartamento, y recuerdo que el bebé tenía los pies descalzos. Noté que algo no estaba bien, que el pequeño se hallaba enfermo. Se me partió el corazón".

Durante las semanas siguientes, Carolina no pudo dejar de pensar que el niño necesitaba ayuda. Por su ahijada supo que el bebé, llamado Adrián, tenía nueve meses de edad y padecía una condición bronquial grave provocada por la constante exposición a humo de segunda mano. La mujer pidió reunirse con Jazmín y, siguiendo lo que ella y su esposo creyeron que era un codazo de parte de Dios, ofreció llevarse a Adrián durante una semana.

"No éramos padres de acogida, ni teníamos interés en adoptar, nada de eso —comentó Carolina—. Pero Jazmín puso a Adrián en mi camioneta (yo, una total desconocida) junto con todas las pertenencias del bebé, y no lo volvió a ver durante meses".

Cuando Adrián llegó a la granja estaba en el décimo percentil del peso; había sido alimentado solo con biberón. Carolina dedicó su tiempo al agotador programa de Adrián de medicamentos y tratamientos de respiración. Ella explicó: "Hice todo lo posible por ayudarlo a crecer fuerte".

Hoy día, Adrián es un niño sano de seis años a quien le gusta leer, correr y engullir tazones de macarrones con queso. Carolina y su esposo Juan lo adoptaron oficialmente y también más tarde a su hermano biológico, Alejandro. Los niños están creciendo con hermanos mayores que los aman profundamente, y juntos heredarán un día la granja.

¿Qué ocurrió con Jazmín?

"Ella es como una hija para mí —informa Carolina—. Cuando adoptamos legalmente a Adrián, también la adopté en sentido figurado. Ella necesitaba una madre. Tenía una necesidad desesperada de amor. Cuando yo era joven también tomé malas decisiones muy parecidas, y Jazmín me recordó mucho a mí misma. Así que creo que Dios puede cambiarla tal como también cambió mi vida".

Interesarse en otras personas puede ser arriesgado. Podría costarte tiempo, esfuerzo y angustia. Podría incluso llevar tu vida en una dirección completamente nueva, como Carolina averiguó. Pero cuando lo hacemos porque *Dios dice que lo hagamos*, nunca nos desviamos del rumbo. Por el contrario, Él nos mantiene en su rumbo, y en el proceso hace crecer nuestros corazones.

¿Quién tiene tiempo para eso?

Bendecir a personas con tu presencia no tiene que ser tan dramático como la historia de Carolina. Ya hemos establecido que ninguna bendición es demasiado pequeña. Lo importante es simplemente identificar una necesidad, orar por cómo puedes usar tu tiempo o tu atención en satisfacer esa necesidad, y después hacerlo.

Como hizo Dana.

"Como madre y ama de casa con un presupuesto ajustado, yo debía encontrar maneras creativas de expresar mi lenguaje de amor de dar regalos —me contó—. Una amiga esperaba su cuarto hijo y mencionó que deseaba poder salir con su esposo antes que el bebé llegara. El cumpleaños de ella acababa de pasar, y su esposo no había hecho planes para celebrarlo. Noté que mi amiga se sentía triste, y lo entendí por completo. Yo también hubiera querido poder 'salir' más con mi esposo, pero él acababa de empezar un nuevo trabajo y tenía tiempo muy limitado para mis hijos y para mí. Por tanto, en lugar de quejarme por mi propia situación, decidí darle a mi amiga lo que yo hubiera querido. Cuidé a sus hijos en mi casa e hice una cita de juegos para mis niños, mientras ella y su esposo pasaban fuera una tarde. Todos se divirtieron, quité de mi mente que mi esposo tuviera que trabajar más horas, y me sentí realmente bien por el regalo de cumpleaños que pude darle a mi amiga y que no me costó más que tiempo".

¡Ah! Hablemos de *tiempo*. Francamente sé que quizás preferirías tirar por la ventana billetes de dólar antes que sacrificar preciosos minutos de tu tiempo. Si yo tuviera más dólares que minutos, también pensaría así. Pero ese es el problema, ¿no es cierto? Piensa en esas palabras: *tu tiempo*. ¿Se trata realmente, al fin y al cabo, de nuestro tiempo? ¿O es a Dios a quien pertenece nuestro tiempo?

> Muchos pensamientos hay en el corazón del hombre; mas el consejo de Jehová permanecerá (Proverbios 19:21).

La verdad es que la vida en la tierra es corta. Incluso si llegamos a viejos y arrugados, estos años mortales comparados con la envergadura de la eternidad son "neblina que se aparece por un poco de tiempo, y luego se desvanece" (Santiago 4:14). Y cuando esto ocurra, Dios nos preguntará cómo gastamos nuestra neblina. ¿Por qué? Porque, en primer lugar, Él nos la dio. Cada día, cada hora es un regalo de parte de Dios, el Creador del tiempo y el espacio. Y Él espera que lo usemos bien.

> Mirad, pues, con diligencia cómo andéis, no como necios sino como sabios, aprovechando bien el tiempo, porque los días son malos. Por tanto, no seáis insensatos, sino entendidos de cuál sea la voluntad del Señor (Efesios 5:15-17).

Veámoslo de esta manera. Si mi esposo me regalara un reloj de muñeca Apple Watch, ¿lo dejaría en un cajón, sin tocarlo? De ningún modo. Ese objeto es costoso, amiga. Es valioso. Así que desde luego que lo usaría. Se lo agradecería.

Debemos hacer lo mismo con nuestro tiempo. Es más valioso de lo que podría valer un millón de relojes Apple Watch. Por tanto, no te lo guardes. No lo escondas. Úsalo a su máximo potencial. Utilízalo para extender amor generoso.

Reflexión personal

1. ¿Tienden a distraerte las tareas pendientes? ¿Qué cambios podrías hacer en tu programación o actitud que te permitirían estar más disponible para los demás?

2. Revisa la historia de María y Marta en Lucas 10:38-42. ¿Te identificas mejor con María o con Marta, y en qué maneras?

3. ¿Por qué María escogió "la buena parte"? ¿Cómo podemos tomar la misma decisión incluso cuando nos enfrentemos con tareas y responsabilidades?

4. Animar es una de las maneras más poderosas de bendición basada en la presencia. Lee 1 Tesalonicenses 5:11 y Proverbios 14:1. ¿Suelen tus palabras y acciones edificar a los demás o derribarlos?

5. Piensa en la historia de Carolina. ¿Te ha llamado Dios alguna vez a ese grado de bendición sacrificial? ¿Cómo respondiste?

6. ¿Cómo te sientes respecto al tiempo? ¿Eres planificadora por naturaleza, o vas con la corriente? ¿De qué manera tu actitud hacia el tiempo afecta tu capacidad de bendecir a otras personas?

7. Lee Salmos 127:1-2. Dios asegura que nuestro trabajo debe ser dirigido por Él, o de lo contrario será de poca utilidad.

¿Cómo influye este conocimiento en el modo en que ves tu horario? ¿Cómo podría esto afectar tus oraciones?

8. Lee Salmos 90:12. ¿Qué podemos ganar al pedirle a Dios que nos ayude a hacer mejor uso de nuestro tiempo? ¿Cómo puede esto ayudarnos a amar generosamente?

Amor en acción

Esta semana entra al mundo de alguien más. Elige una actividad que tu amiga, tu esposo o tus hijos disfruten (aunque tú no), y pasen tiempo juntos participando en esa actividad.

— Capítulo 6 —

Bendiciones cercanas y lejanas

Hilda tenía una relación casual con la pareja del otro lado de la calle. Ella conocía sus nombres, sabía que ambos eran maestros, y de vez en cuando se acercaba para saludar y acariciar al perro labrador que poseían, llamado Bailey. Pero no había pasado mucho tiempo conociéndolos, hasta el día que llevaron a casa a Bella, una perra salchicha de cuatro meses de edad.

Hilda les dijo: "Me encantan los perros. Acababa de perder a mi propio perro un par de meses antes, y extrañaba tener una mascota que cuidar". Ella sabía cuánta atención requería un cachorro, y que sus vecinos solían ir a trabajar desde las seis de la mañana hasta las cuatro de la tarde, por lo que les ofreció ayuda.

"Me hallaba en casa durante el día, y pensé que no sería problema sacar a los perros a la hora del almuerzo", declaró Hilda. Y eso es exactamente lo que hizo, cada día durante un año. Recogía el correo, dejaba que los perros salieran y regresaran, los alimentaba y los atendía, y los hacía jugar. Si la cachorrita hacía una travesura, Hilda limpiaba el desorden y enviaba un mensaje de texto a los dueños en el trabajo para alertarlos. Incluso una vez que Bella creció lo suficiente como para privarse de sus descansos diarios,

Hilda siguió visitando a sus vecinos algunas veces por semana solo porque *la hacía* sentirse bendecida al bendecirlos.

Y los vecinos no solo estaban agradecidos, sino deseosos de devolverle la bendición. Dieron regalos a los hijos de Hilda, le ofrecieron su quitanieves en invierno y, cuando la familia de Hilda adoptó un nuevo cachorro, los vecinos lo cuidaron con gusto durante un fin de semana.

¿Lo ves? Bendecir trajo más bendición. No por obligación, sino en amabilidad y con auténtico aprecio. Y todo empezó porque Hilda identificó una necesidad dentro de su círculo de influencia y decidió satisfacerla.

Ella le ofreció su presencia.

Hilda comentó: "La mayor recompensa no es la reciprocidad, sino la relación que hemos ganado. Ahora nos consideramos parte de nuestras familias".

Presencia vs. presente

Puede que tú estés arrugando la nariz en este momento y pienses: *Becky, esa es una bonita historia, pero ¿y si no tengo vecinos al otro lado de la calle?*

¿Y si paso mi tiempo trabajando desde el amanecer hasta el anochecer?

¿Y si guardo reposo en cama, tengo algo contagioso o soy mortalmente alérgica a perros, gatos, polvo y seres humanos?

¿Y si estoy viviendo al otro lado del mundo de aquellos que realmente me necesitan, las personas que desesperadamente quiero bendecir?

Sí, esas son muy buenas preguntas. ¿Cómo podemos ofrecer nuestra presencia cuando en realidad nos es imposible estar presentes?

Es sencillo, de veras. Debemos actualizar nuestra definición de *presencia*.

> Sobrellevad los unos las cargas de los otros, y cumplid así la ley de Cristo (Gálatas 6:2).

Estar presente no necesariamente significa presencia *física*. Con la tecnología e infraestructura de hoy podemos estar en cualquier parte en todo momento, en voz, visión o espíritu. En realidad, nuestra disposición de servir viaja bastante bien, si te pones a pensarlo. Llamadas telefónicas, tarjetas, visitas por Skype, mensajes de texto. ¡Correo postal! Cielo glorioso, ¿recuerdas el correo postal? ¿Bolígrafos, estampillas, tarjetas Hallmark? Estos son instrumentos de bendición a larga distancia. Nos permiten "sobrellevar los unos las cargas de los otros" aunque estemos lejos. Y en algunos casos, la acción de amar generosamente puede realmente ser más significativa desde la distancia de lo que es en persona. Tan solo pregúntales a estas mujeres.

> A mi hermana le iban a hacer una cirugía mayor de cuello, y yo tenía que ayudarla preparándole la comida durante las dos primeras semanas de su recuperación. Pero entonces contraje un terrible resfriado y yo no debía acercarme a ella. ¡Ella corría el riesgo de infección y no podía exponerse a mis gérmenes! Me sentí muy impotente. Así que envié correos electrónicos a todos mis hermanos y preparé un calendario de comidas con un programa rotativo para que la ayudaran. Esto me sacó de mi zona cómoda porque es más fácil para mí "simplemente hacerlo" en lugar de pedir ayuda. Según resultó, fue una gran bendición para mis hermanos participar en el cuidado de nuestra hermana. —Victoria
>
> Mientras mi esposo estaba en el servicio militar activo en Irak, les leía cuentos a nuestros hijos por medio de videos. Le enviábamos por correo la tarjeta de la cámara una vez por semana. Esta era su manera de ayudar a la hora de dormir, aunque se hallaba sirviendo a nuestra nación. —Lisa
>
> Mi abuela de noventa años de edad vive algunos estados lejos de mí. Con la diferencia de zona horaria y el caos de mi vida familiar, es difícil llamarla con regularidad. Así que tomé la resolución de

enviarle una tarjeta cada mes. Escribo (sí, a mano) para contarle lo que ha estado sucediendo en mi vida, y también incluyo un *collage* de fotos que les he tomado a mis tres hijos. Esto puede ser anticuado, pero me alegra que ella tenga conexión con sus bisnietos, aunque no la veamos cara a cara ni le hablemos mucho. —Daniela

Mi hermanita es quince años menor que yo. Mientras ella asistía a la universidad, yo me hallaba muy ocupada criando a tres hijos en un ajetreado hogar a dos horas de su instituto. Ella estaba volviéndose loca a finales de un semestre, y recordé lo que era necesitar bocadillos y comidas, así que llamé a un lugar de entrega de comida china cerca de su campus e hice que le llevaran su comida favorita con propina incluida. La noche siguiente pedí pizzas para ella y sus compañeras de dormitorio. Y más tarde, esa misma semana, hice que le entregaran también un enorme arreglo de fruta fresca como alimento para un cerebro sano. Cuando no puedes estar presente para hacer una buena comida casera, la entrega siempre es una buena segunda opción, ¡especialmente para estudiantes universitarios! Mi hermana lloraba realmente cuando le entregaban la comida. —Karyn

Mi esposo me prepara una taza de té recién hecho cada mañana antes de salir al trabajo. Para cuando despierto, por lo general él ya se ha ido. Pero puedo bajar a la cocina y encontrar mi té caliente, a veces con una tierna nota de él al lado de la tetera. Hemos estado casados durante casi treinta años, y estoy celebrando casi treinta años de té. —Debbie

Estas personas regalaron su tiempo. Encontraron maneras de dar ánimo. Prodigaron su creatividad, su comunicación y sus soluciones. Dieron lo que podían, en el modo en que podían. Y, aunque físicamente estaban ausentes, su presencia se sintió profundamente.

Fue una bendición.

Acerca de eso que suena en tu bolsillo

Cuando yo era estudiante de primer año en la universidad vivía en un diminuto dormitorio a cuatrocientos ochenta kilómetros de casa. Mi mamá y yo teníamos una cita telefónica permanente todos los sábados a las diez de la mañana. Esto era en el período jurásico, antes de los planes ilimitados de llamadas y mensajes de texto, cuando las compañías telefónicas tenían la audacia de cobrar las conversaciones de larga distancia a treinta y cinco centavos el minuto.

Mamá y yo presupuestamos una hora a la semana. Esas llamadas eran un bálsamo para mi nostalgia. Las atesoré.

Por supuesto, los estudiantes universitarios de hoy pueden actualizar a sus mamás por Snapchat cada treinta segundos si quieren hacerlo. Si solo hubiera tenido FaceTime en mis días universitarios, quizás entonces mi madre podría haberme hablado de esa permanente de cabello en espiral en mi segundo año.

La tecnología es algo hermoso cuando no estamos con las personas que amamos. Pero cuando nos hallamos en el mismo espacio, lo contrario es la verdad. La tecnología puede convertirse en aquello mismo que *nos separa*.

¿Cuántas veces has estado en un restaurante y has presenciado a una familia sentada alrededor de una mesa, y cada uno de los miembros pulsa con los pulgares sus propios dispositivos móviles sin prestarse atención mutua?

¿*Eres* tú parte de esa familia?

¿Has estado alguna vez en medio de una conversación con alguien cuando el bolsillo empieza a repiquetear, y luego saca el teléfono y lo contesta, a mitad de la frase?

O, ¿con qué frecuencia te has enterado de un compromiso, un embarazo o una muerte en la familia de una amiga por medio de Facebook y no directamente de sus labios? ¡O, al menos, a través de un mensaje privado!

Esto es epidémico. Nos hemos alejado físicamente unos de otros, incluso estando frente a frente.

Mi mentora Judy y yo decidimos programar citas trimestrales para tomar café. Como directora del ministerio de mujeres de nuestra numerosa iglesia evangélica, Judy es una mujer muy ocupada. Se mantiene actualizada en lo último en comunicación de alta tecnología, y escribe a gran velocidad mensajes de texto. Sin embargo, aún valora las visitas a la antigua con las personas de su vida. Soy bendecida por ser una de ellas.

"Con la tecnología, las distracciones y el ajetreo de hoy día, la presencia es incluso más que un regalo —me dijo—. Una persona real y viva es más que una necesidad del pasado".

Piensa en eso. Hace cien años no había televisión, iPhones ni aplicaciones. Las personas se sentaban en el porche a conversar. Escribían cartas con frases completas, en las que expresaban en palabras sentimientos verdaderos porque aún no se habían inventado los emoticones. ¿Puedes imaginarlo? ¿Cómo sabía alguien cuándo sus amigos estaban felices, tristes o muertos de la risa?

¡Oh, lo veían en persona!

Lo escuchaban en la vida real.

Se experimentaban unos a otros en un plano auténtico de existencia física.

Sin embargo, no me malinterpretes. Ya hemos aclarado que la tecnología en sí no es mala, especialmente cuando estás a kilómetros de distancia. ¡La tecnología es buena! ¡Es fabulosa! ¡Envíale ahora mismo un mensaje de texto a tu estudiante universitario para que sepa que lo amas!

No obstante, si no tenemos cuidado la tecnología puede crear, y crea, distracciones que diluyen nuestra presencia y roban oportunidades de bendecir a otros. Y eso es un problema, porque contradice la naturaleza misma de nuestra identidad.

Judy declaró: "En cada generación, desde Adán y Eva, las personas fueron creadas como seres relacionales. Dios mismo es la Trinidad: Padre, Espíritu e Hijo. Él está en relación consigo mismo. Y lo reflejamos. Fuimos creados de ese modo. Debemos honrar a Dios con nuestras interacciones".

Así que llama hoy a una amiga. Permítele que escuche tu voz. Programa una cita para almorzar con alguien que amas, salgan a caminar juntas, reúnanse en el parque infantil con sus cochecitos y bocadillos, cualquier cosa que funcione. Sé que no necesariamente podemos hacer esto todos los días con todo el *mundo*. Pero de vez en cuando sigue siendo valiosa la relación frente a frente con las personas que el Señor nos dio. Aún es relevante. Es todavía y siempre lo será, el diseño de Dios para nosotros como seres humanos.

> No dejemos de reunirnos, como algunos acostumbran hacer, sino animémonos unos a otros, y con mayor razón cuando vemos que aquel día se acerca (Hebreos 10:25, NBV).

El veneno del mal humor

Por último, debo expresar un mensaje para mis compañeras malhumoradas. Ustedes saben quiénes son. Me encantan y las entiendo. Es difícil ser nosotras mismas. Estamos muy afectadas por *todas esas cosas*, ¿verdad? Niños llorones, esposos estresantes, jefes mandones. Sencillamente, es fácil explotar.

Pero sabes lo que ocurre después. Físicamente podríamos estar presentes, sí. Pero, emocionalmente, nuestra presencia produce un gas tan nocivo que ahoga todo el gozo del sitio donde estamos. Colapsamos. Nos fastidiamos. Les decimos a los niños que nunca se volverán a comer otra papa frita *mientras yo viva, ¿me escuchan?*

Sé que no soy la única.

Mi amiga Tynea me dijo: "Francamente, en los últimos meses no he sido la persona más fácil con quién estar. Mi estado de ánimo depende de muchas cosas, y gran parte del tiempo a mi marido lo ha recibido una esposa malhumorada y exhausta por el hecho de ser madre de dos hijos pequeños. Eso no es justo para con él, por tanto, he estado tratando de bendecirlo en lo que respecta a mi actitud. Puede que no sea decisión mía que vengan ciertas frustraciones, pero sí es decisión mía cómo respondo a ellas".

Durante un par de meses, Tynea hizo esfuerzos deliberados de suavizar su tono de voz. Se mordía la lengua cuando las críticas amenazaban con salir volando, y en vez de eso pronunciaba palabras alentadoras. Recordaba sonreír cuando su esposo entraba por la puerta. Se reía de los chistes de él. Entonces una noche, su esposo declaró de repente: "Es muy divertido tenerte cerca".

Tynea no había escuchado ese comentario durante mucho tiempo.

Ella confesó: "Me di cuenta de que bendecir a alguien no tiene que ver con hacer algo por esa persona. Los actos de servicio pueden ser fabulosos y suelen ser muy apreciados, pero hay algo acerca de la actitud y del comportamiento de una persona que puede bendecir aún más. A fin de cuentas, ¿quién desea estar cerca de alguien que vive malhumorado todo el tiempo? Que mi actitud sea tal que dé vida a mis relaciones".

Sí, esa es mi esperanza para todas nosotras.

Renueven sus actitudes y pensamientos; sí, revístanse de la nueva naturaleza que Dios creó, para que sean como él, verdaderamente justos e íntegros (Efesios 4:23-24, NBV).

50 maneras de bendecir con tu presencia

1. Mira a las personas a los ojos cuando les hables.
2. Inicia conversaciones significativas. Haz preguntas. Escucha más de lo que hablas.
3. Llévale una comida a una amiga.
4. Envía mensajes de texto.
5. Escríbele a tu esposo una lista de cosas que admiras de él.
6. Ofrécete a limpiar la casa de una amiga.
7. Saluda con amabilidad a todos tus vecinos.
8. Abraza a tus hijos y no los sueltes hasta que te correspondan.
9. Preséntate a la nueva mujer en el estudio bíblico. Ofrécete a sentarte con ella.

10. Acostúmbrate a felicitar a los demás por sus logros.
11. Llama y conversa a menudo con tu padre de las cosas que le interesan.
12. Lleva a almorzar a tu madre.
13. Di "buenos días" con una sonrisa a todos los que se crucen en tu camino.
14. Cede tu asiento en un bus o un tren suburbano abarrotado de pasajeros.
15. Comparte tu auto.
16. Asesora a una estudiante o profesional joven.
17. Léele a una amiga anciana. Invítala a cenar y conversar.
18. Ofrécete como voluntaria en la iglesia, en la escuela de tus hijos o en una institución de la comunidad local.
19. Siéntate al lado de tu hijo y ofrécele atención individualizada cuando le ayudes con la tarea o cuando te hable de cómo fue su día.
20. Participa en un juego con tus hijos.
21. Dale a tu esposo un masaje en la espalda.
22. Permite que alguien confíe en ti, y conserva su confianza.
23. Organiza un estudio bíblico en tu vecindario.
24. Habla del evangelio con alguien que necesite esperanza.
25. Cuida de los hijos de una amiga sin esperar que te pague.
26. Haz recados para una amiga que esté enferma o postrada en cama.
27. Colabora con la limpieza de tu vecindario.
28. Dile a otra mujer que se ve hermosa en un día en que esté usando ropa deportiva y no tenga maquillaje.
29. Pregunta "¿Cómo estás?" y luego espera la respuesta.
30. Haz una tarea que por lo general tu esposo suele realizar (como sacar la basura).
31. Escribe una nota de aliento para la maestra de tu hijo.
32. Sonríele a la persona que te sirve en un restaurante, banco, almacén, etc., y llámala por su nombre (¡generalmente usan etiquetas de identificación!).

33. Deja una nota para que tu esposo o tus hijos lean cada mañana antes del trabajo o la escuela.
34. Dibuja una carita feliz en la bolsa de sándwich de tu hijo.
35. Envía un versículo bíblico a una amiga que no hayas visto durante mucho tiempo.
36. Planifica regularmente una reunión de tu familia.
37. Ofréceles refrigerios en tu casa a los amigos de tu hijo.
38. Envía a tu esposo mensajes alentadores de texto mientras está trabajando.
39. Comparte con tu hijo un cuaderno especial en el que escriban sinceros mensajes de ida y vuelta.
40. Haz ejercicio físico con una amiga. Pueden pedirse cuentas una a la otra y animarse a seguir adelante.
41. Coloca notas de amor en las puertas de las habitaciones de tus hijos.
42. Sirve como acompañante en un viaje de campamento.
43. Sé un lugar seguro en que tus amigas lloren. Pásales pañuelos faciales.
44. Mantén la puerta abierta para los demás. La cortesía podría estar muerta, pero la bendición no lo está.
45. Di "gracias" a las personas cuyo trabajo es servirte.
46. Da besos de buenas noches a tu esposo y tus hijos.
47. Programa citas individuales con cada uno de tus hijos.
48. Si viajas de noche, da a cada uno de tus hijos pequeños una prenda de tu ropa con la cual acurrucarse a la hora de dormir. Cuando no puedan estar con mamá, una blusa que huela a ella es la mejor opción.
49. Reserva al menos una noche a la semana para un tiempo enfocado en la familia. En nuestra casa, los viernes son noches de pizza y de juegos de mesa.
50. Cuando tu hijo necesite tu atención, pero estés sumida en una conversación con alguien más, enséñale que ponga una mano en tu brazo. Pon tu mano sobre el brazo de él para reconocerle su petición. Luego termina tu diálogo antes de atender

a tu hijo. Esto evita interrupciones y te permite bendecir con tu atención total a la persona con quien estás hablando. Esto también muestra a nuestros hijos, por ejemplo, cómo podemos estar presentes para ellos y para otros al mismo tiempo.

Reflexión personal

1. Dedica un momento a pensar en tu círculo de influencia. En tu casa, tu vecindario, tu lugar de trabajo, la escuela de tus hijos, tu iglesia, ¿a quién podría estar pidiéndote Dios que bendigas en persona? ¿Qué necesidades puedes identificar y qué pasos podrías dar para satisfacerlas?

2. ¿Qué te impide bendecir a otros con tu presencia? ¿Qué obstáculos enfrentas?

3. Medita en Gálatas 6:2. ¿Qué significa "sobrellevad los unos las cargas de los otros"? ¿Qué podría significar esto en tu propia vida?

4. Analiza los pro y contra de los dispositivos móviles de comunicación. ¿Cómo podemos aprovechar para bien el poder de la tecnología sin permitir que obstaculice nuestra interacción personal con los demás?

5. Nuestro Dios existe en tres personas: Padre, Hijo y Espíritu Santo. Desde el primer capítulo de la Biblia, Dios se refiere a sí mismo en tercera persona del plural (Génesis 1:26). Relacionarse es parte inherente de su carácter. Puesto que tanto hombres como mujeres somos creados a imagen de Dios (Génesis 1:27), también estamos diseñados para relacionarnos mutuamente. ¿De qué manera el pecado hace que esto sea un reto? (Pista: recuerda las malas hierbas del "yo" en el capítulo 3).

6. ¿Tiende tu estado de ánimo a contaminar tu presencia? ¿Cuándo eres más propensa a estar de mal humor? Pídele a Dios en oración que te ayude a mejorar tu actitud para que puedas infundir vida en tus relaciones.

7. Lee 1 Corintios 13:4-7. Reemplaza la palabra "amor" con tu propio nombre. ¿Habla este pasaje verdaderamente de ti? ¿Por qué sí o por qué no?

8. Estudia Filipenses 2:5-11. ¿Cómo puede la humildad —una presencia amable y desinteresada— permitirnos bendecir bien a otros? ¿De qué manera fue Jesucristo un modelo de esta verdad?

Amor en acción

Escoge una o más de las "50 maneras de bendecir con tu presencia" y que sea una prioridad llevarla(s) a cabo esta semana.

— Capítulo 7 —

Cuatro pasos para bendecir a otros
#2 Posesiones

Mis hijas toman lecciones de piano. Durante varios años, nuestro "piano" familiar fue un pesado teclado electrónico, un regalo de graduación universitaria que nos hicieron mis padres. Era útil para componer canciones y sacar notas para la práctica vocal, pero una vez que mis hijas adquirieron mi pasión por la música y empezaron a desarrollar sus habilidades para el piano, necesitaban un mejor instrumento a fin de armonizar.

Solo había un problema. Los pianos son costosos.

Mi esposo y yo buscamos un piano usado, pero otros gastos seguían frenando la compra. Alguien necesitaba frenillos, el auto se averiaba, nuestro sistema de calefacción se estropeó y tuvimos que reemplazarlo. Cada vez nos consolábamos con el hecho de que nuestras hijas aún contaban con un teclado; no era perfecto, pero sí adecuado… por ahora.

Entonces, un día recibí un correo electrónico de Paul, un miembro del conjunto de adoración de nuestra iglesia. Me había escuchado hablar el domingo por la mañana de mi necesidad de un piano acústico, y sucedió que estaba buscando alguien que se llevara el suyo… gratis. Otras personas se habían ofrecido amablemente a vendernos los suyos, pero la oferta de Paul era gratuita. Él y su esposa estaban mudándose y ya no tenían necesidad del piano, simplemente querían que fuera a parar a un buen hogar.

"El Señor nos bendijo mucho con una gran casa a un precio fabuloso —nos dijo—. Estamos muy agradecidos a Dios por su provisión. Así que solo queremos que siga la bendición y bendecir a alguien más. Si quieren el piano, es de ustedes".

Mis hijas ya han estado practicando a Beethoven y Mozart en ese piano desde hace dos años. Se ha adaptado muy bien a nuestras necesidades, y no nos costó nada más que el esfuerzo de trasladarlo a nuestra casa.

Lo siguiente en nuestros cuatro pasos de bendición son las *posesiones*. Nuestras cosas. Nuestro dinero, nuestra comida, nuestra ropa —nuestros pianos—, todo. Jesús nunca nos promete riqueza o pobreza. No le preocupan realmente las cosas en sí. Pero nos deja claro que lo que *hacemos con nuestras* posesiones es una prueba de nuestra madurez espiritual.

> Por eso yo les aconsejo que usen las riquezas de este mundo para ganar amigos y así, cuando esas riquezas se les acaben a ustedes, los reciban en las viviendas eternas. El que es honesto en lo poco, también es honesto en lo mucho; y el que no es honesto en lo poco, tampoco será honesto en lo mucho. Por eso, si ustedes no son honestos con las riquezas de este mundo, ¿quién les confiará las riquezas verdaderas? (Lucas 16:9-11, NBV).

¿Qué significa bendecir con nuestras posesiones?

La Biblia está llena de instrucciones sobre dar, compartir y diezmar. La mayoría de nosotras estaría de acuerdo en que la generosidad es un rasgo admirable y prescrito de la vida cristiana.

Después de todo, Dios es el dueño de todas las cosas, y nosotras solo somos administradoras: "De Jehová es la tierra y su plenitud; el mundo, y los que en él habitan" (Salmos 24:1). Nuestra parte es ser administradoras sabias de lo que Dios nos ha confiado. Él nos invita a utilizar nuestras cosas para servir a un propósito más allá de nosotras mismas.

Sin embargo, ¿cuántas de nosotras vivimos realmente eso día a día? Sí, podrías dar un porcentaje de tus ingresos a la iglesia o donar a las misiones mundiales. Quizás incluso tengas la costumbre de dar dinero a organizaciones benéficas locales o a ministerios comunitarios. Esas son costumbres excelentes, y "Dios ama al dador alegre" (2 Corintios 9:7).

No obstante, dar va más allá de diezmar. Esto podría parecer duro, así que, por favor, entiende mi corazón. Si eres rica o pobre, firmar un cheque es fácil. No obstante, acercarte en persona y ver de cerca y cara a cara una necesidad humana... ¡uf! Esa clase de generosidad puede ser difícil.

Atrévete a ser generosa

Mi amiga Alicia me dijo: "Temprano una mañana me hallaba dejando libros en la biblioteca cuando vi que un hombre sin hogar estaba acurrucado junto a la puerta de la parte superior de los escalones. Yo sabía que pasarían varias horas antes que la biblioteca abriera y el hombre pudiera entrar para calentarse".

Alicia iba a reunirse con su esposo para tomar café, y sintió que Dios le decía: "Consíguele también a este hombre un vaso de café".

"¿De veras, Señor? ¿Estás seguro? Porque las cafeterías en el centro sirven la clase de café caro". Alicia pensó en ir a la estación de servicio a comprar una taza de café más barata. Pero al instante se sintió tocada en su conciencia.

"Escuché al Señor hablándome al corazón. *Tu esposo es lo suficientemente bueno para el café caro, ¿pero no este hombre? Recuerda, él también es mi hijo.* Así que regresé a la biblioteca con un vaso de café costoso y un bizcocho. Me di cuenta de que el Señor es generoso en su amor por nosotras, así que yo también iba a ser generosa".

> Mirad cuál amor nos ha dado el Padre, para que seamos llamados hijos de Dios (1 Juan 3:1).

Alicia le dijo su nombre al vagabundo y le ofreció el desayuno. Él se presentó y empezó a conversar. Alicia observó que el hombre estaba escuchando música y, cuando le preguntó que oía, su respuesta casi la derribó. "Era un *cántico de adoración*. Él estaba sentado allí en el frío glacial, sin hogar y *adorando*. Supe entonces que este hombre podría haber necesitado el desayuno, pero yo necesitaba una bofetada. Oh Señor, endereza mi corazón".

Una vez más, el amor generoso requiere un cambio en la manera de pensar. Así como bendecir con nuestra presencia nos pide que abramos nuestros ojos a las necesidades que nos rodean, también lo hace bendecir con nuestras posesiones. Y allí es donde muchas de nosotras quedamos cortas. No queremos ver la necesidad. No queremos hacer el esfuerzo extra para satisfacerla, o peor aún, creemos que no debemos hacerlo o no podemos. Pero eso no es lo que la Biblia dice.

> A los ricos de este siglo manda que no sean altivos, ni pongan la esperanza en las riquezas, las cuales son inciertas, sino en el Dios vivo, que nos da todas las cosas en abundancia para que las disfrutemos. Que hagan bien, que sean ricos en buenas obras, dadivosos, generosos (1 Timoteo 6:17-18).

Piensa en esto. Si cada una de nosotras escogiéramos una persona para bendecirla con nuestras posesiones hoy, mañana, al día siguiente, ¿cómo podría esa acción cambiar al mundo? Dios está constantemente invitándonos a ser creativas, a contribuir con lo que tenemos, aunque creamos que no tenemos suficiente. Esto podría requerir que nos involucremos en un nivel más personal, como hizo Alicia. Pero nunca subestimemos una oportunidad divina de glorificar a Dios con nuestras cosas y de hacer que Él sea conocido.

> Como resultado del ministerio de ustedes, ellos darán la gloria a Dios. Pues la generosidad de ustedes tanto hacia ellos como a todos los creyentes demostrará que son obedientes a la Buena Noticia de Cristo (2 Corintios 9:13, NTV).

Donde esté tu tesoro…

"¡Mío! ¡Mío! ¡Mío!". Esa es una de las primeras palabras que un niño aprende a pronunciar. La codicia es una característica innata de la naturaleza pecaminosa, dirigida a reclamar "mis" juguetes, "mi" dinero, "mi" auto, "mi" casa. Los estadounidenses en particular estamos enamorados de nuestras posesiones. Las anhelamos. Las adquirimos. Las atesoramos (¿recuerdas mi pequeña fascinación con IKEA?).

Las posesiones no son malas. Dios nos bendice con ellas; pueden ser parte de disfrutar la vida en la tierra. Pero no pueden llevarnos al cielo. Y no podemos llevarlas con nosotras una vez que lleguemos allí. Así que, ¿amar nuestras posesiones más que amar a Dios? Desde luego que eso es malo.

> No os hagáis tesoros en la tierra, donde la polilla y el orín corrompen, y donde ladrones minan y hurtan; sino haceos tesoros en el cielo, donde ni la polilla ni el orín corrompen, y donde ladrones no minan ni hurtan. Porque donde esté vuestro tesoro, allí estará también vuestro corazón (Mateo 6:19-21).

Por supuesto que ningún cristiano bienintencionado diría que ama sus cosas más que a Dios. Pero lo que hacemos con nuestras posesiones finalmente revela cómo nos sentimos respecto al Señor. ¿Confiamos en que Él proveerá? ¿Creemos realmente que es el dueño de todo? ¿Buscamos nuestro gozo, nuestra esperanza y nuestra fortaleza en Él más que en nuestros bienes materiales?

¿Estamos dispuestas a compartir nuestras posesiones? Esa es la gran pregunta. Porque cuando lo hacemos, no solo compartimos nuestro dinero o nuestras comidas; compartimos el amor de Dios.

> El que tiene bienes de este mundo y ve a su hermano tener necesidad, y cierra contra él su corazón, ¿cómo mora el amor de Dios en él? Hijitos míos, no amemos de palabra ni de lengua, sino de hecho y en verdad (1 Juan 3:17-18).

Dios usa nuestras bendiciones para bendecirnos también

Como esposa de un militar, Tabita y su marido tuvieron que mudarse bastante. Llevaban viviendo varios meses en una base en Tennessee, y ella aún no había conocido a otra esposa en quien pudiera confiar. Así que oró para que Dios le diera una amiga.

Por la misma época, Tabita vio el anuncio de un sorteo de productos para bebé, y participó. Aunque su hijo ya no usaba pañales, ella pensó: "Si me gano el premio, Dios me mostrará a quién regalárselo".

Y sin duda Dios lo hizo. Tabita ganó el sorteo solo días antes que su esposo invitara a un soldado nuevo y su esposa a unírseles en la iglesia. Cuando supo que la pareja tenía un bebé de dos meses, Tabita supo que Dios había contestado ambas oraciones.

"Sentí en mi corazón querer ayudarla —dijo Tabita—. A la mujer le sorprendió que yo hiciera algo bueno por ella, pues aún no había visto ninguna bondad de parte de las esposas de otros militares, y justo necesitaba una amiga como yo".

Ahora las dos mujeres son confidentes íntimas. Se apoyan mutuamente en los retos de la maternidad y el matrimonio militar, y tienen en común la misma fe en el Dios que las juntó.

"Me gusta cómo el Señor usó algo que yo quería para bendecir a alguien más como una forma de bendecirme también —comentó Tabita—. Él ve nuestras necesidades y las contesta".

Operación Agente Pez Oxidado

¿Se te ha ocurrido alguna vez que *tú* podrías ser la respuesta a la oración de alguien? Dios obra a menudo a través de nosotras, sus hijas fieles, a fin de proveer para las necesidades de otras personas. Nuestra parte del trato es mantener nuestros ojos y oídos abiertos a las necesidades de quienes nos rodean, y luego actuar cuando sentimos que Él nos dice: *He aquí una oportunidad de bendecir a alguien... aprovéchala.*

Esta clase de conciencia generosa tiene un nombre. Se llama Agente Pez Oxidado.

Mike es un anciano en nuestra iglesia. Él y su esposa Vicky llevan casados treinta años; criaron a Carli, una hija dedicada al Señor, quien ahora cría tres hijos propios. Mi esposo y yo disfrutamos asimilando la sabiduría de esta maravillosa pareja sobre crianza de hijos, matrimonio, equilibrio entre el trabajo y la vida, y especialmente sobre cómo recorrer el peligroso terreno de las adolescentes.

Ellos tienen muchas historias que compartir. Esta es mi favorita.

Cuando Carli comenzó la escuela secundaria, Mike y Vicky quisieron inculcarle conciencia de las necesidades de otras personas. Sabían que los adolescentes son fácilmente influenciables por la cultura egocéntrica de hoy, así que idearon un plan intencional para aumentar el enfoque externo de Carli a través de dar regalos.

El deber de Carli era mantener sus oídos abiertos e identificar dificultades entre los alumnos de la escuela, y luego comunicárselas a los padres de ella. Oraban juntos como familia por estas oportunidades y decidían cómo y cuándo ayudar... en forma anónima. A su operación encubierta la llamaron "Agente Pez Oxidado", por una rústica y ridícula linterna en forma de pez metálico que colgaba en su cabaña.

Por ejemplo, Carli se enteró que un chico en la escuela no tenía lo suficiente para comer, así que ella y sus padres compraron tarjetas de regalo en un restaurante y elaboraron una nota con letras recortadas de periódicos, firmada por "Agente Pez Oxidado". Otro estudiante necesitaba con urgencia la reparación de su auto, por lo que la familia puso dinero en efectivo en un sobre junto con un mensaje incógnito del Agente Pez Oxidado. A un joven, entusiasta esquiador, se le había roto un equipo importante de esquí, por lo que el Agente Pez Oxidado le entregó una tarjeta de regalo para una tienda de esquí.

Los regalos no solo tenían la intención de proporcionar dinero, sino también animar emocional y espiritualmente a los destinatarios. "Las notas que incluíamos siempre estaban escritas para edificar a estos chicos —declaró Vicky—. ¡A menudo creíamos que las notas, que a veces eran bastante largas, representaban la mejor parte del regalo!".

Entregarlas también era parte de la aventura. "Carli y yo nos escondíamos en el auto, fuera de la vista, mientras Mike se acercaba a la casa y pulsaba el timbre de la puerta —explicó Vicky—. Ya teníamos planeada una ruta de escape, por lo que tan pronto como se había llevado a cabo la acción, Mike regresaba corriendo al auto tan rápido como podía mientras observábamos a la persona que abría la puerta para no encontrar a nadie parado allí… solo un regalo y una nota extravagante del Agente Pez Oxidado. ¡De este modo lanzábamos un bombardeo de bendición sobre las personas!".

Los chicos recibían fondos para ropa, recreación y una variedad de necesidades. Pronto los estudiantes de toda la escuela hablaban de sus regalos sorpresa del Agente Pez Oxidado. Estos adolescentes se preguntaban quién demonios podía haberse enterado para darles justo lo que necesitaban cuando lo necesitaban. El Agente Pez Oxidado se convirtió en algo así como una leyenda urbana, y hasta ahora (una década después), nadie tenía una idea exacta de quién estaba detrás de la secreta operación de bendición.

(Me gusta tanto esta historia que le rogué a Vicky que me permitiera desenmascararla. Honremos su generosa confesión estableciendo una epidemia de Agentes Pez Oxidado en los colegios de todos los Estados Unidos y del mundo… ¿de acuerdo?).

Quizás la mayor recompensa para Vicky y Mike fue ver que el carácter de su hija crecía cuando intencionalmente escuchaba las necesidades de otras personas e invitaba a sus padres a responder. "Fue una gran bendición cultivar un espíritu de *generosidad* —confesó Vicky—. Y esto sigue siendo gran parte de la vida actual de Carli".

Que bendecir a otros sea un acontecimiento familiar. Pon atención a las necesidades, ora por cómo Dios podría querer satisfacerlas, y hazlo... en secreto, si deseas. ¿Por qué? Porque es una locura divertida. Y Dios te bendecirá por ello.

> Que sea tu limosna en secreto; y tu Padre que ve en lo secreto te recompensará en público (Mateo 6:4).

Reflexión personal

1. Examina Salmos 24:1. ¿Quién es el dueño de todo? ¿Cómo debería esta verdad afectar la manera en que administras tu dinero y tus posesiones?

2. Consulta 2 Corintios 9:7. ¿Eres dadora alegre? ¿O te cuesta separarte de tus cosas? ¿Por qué?

3. Lee Marcos 12:41-44. ¿Qué nos enseña este pasaje acerca de la ofrenda sacrificial? ¿Por qué la generosidad es tan importante para Jesús?

4. Lee Mateo 6:1-4. ¿Qué dice este pasaje respecto a dar para recibir? ¿Por qué el hecho de jactarnos de nuestra generosidad invalida la buena acción?

5. Revisa Malaquías 3:10. ¿Confías en que Dios bendice tu generosidad? ¿Por qué no?

6. Mateo 6:19-21 nos dice que hagamos "tesoros en el cielo". ¿Qué has estado almacenando? ¿Tesoros terrenales o tesoros eternos? Analiza cómo se ve esto en tu vida.

7. Piensa en una ocasión en que fuiste bendecida con posesiones. ¿Cómo te afectó esto?

8. Lee la parábola de los talentos, Mateo 25:14-30. En esta historia, el amo es Dios y los siervos somos nosotros, el pueblo de Dios. ¿Con qué siervo te identificas más? ¿Por qué crees que el amo se enojó con el siervo que no hizo ningún esfuerzo por invertir lo que se le había dado? ¿Qué pasos puedes dar hoy para invertir sabiamente lo que Dios te ha dado?

Amor en acción

Empieza una operación "Agente Pez Oxidado" en tu familia. Si tienes hijos o nietos, anímalos a poner atención a las necesidades entre sus amigos y compañeros de clase. Oren juntos acerca de cómo pueden suplir esas necesidades, ¡y luego diviértanse bendiciendo con sus posesiones!

— Capítulo 8 —

El corazón de Olivia

Olivia era una niña preciosa en todos los sentidos. Junto con su espíritu apacible y amable, tenía un corazón sensible hacia las personas y una sonrisa que resplandecía de bondad. La mayor de tres, era una hermana afectuosa y la sombra de su madre, tímida, confiable y afectuosa. Le encantaban las historias bíblicas y a menudo se reunía con su padre en el centro comercial para repartir tratados evangelísticos. Su color favorito era el azul, una elección adecuada, el color de la sangre real. Olivia sabía sin ninguna duda que era una hija amada del Rey.

Una tarde de domingo en mayo, cuando tenía solo once años, Olivia fue llamada al hogar celestial en el mismo tiroteo trágico que se llevó a su padre, Jon, e hirió a su madre, Erin, a quien conociste en las primeras páginas de este libro. Es natural para nosotras decir que Olivia fue arrebatada demasiado pronto y llorar la brevedad de una vida llena de tantas promesas. Sin embargo, para el cristiano, el dolor es inseparable de la esperanza. Creemos que Dios sabe lo que no podemos comprender; por tanto, confiamos en Él incluso cuando duele. Y nos aferramos a la verdad de que, un día, madre, padre e hija se reunirán con su Salvador por toda la eternidad.

"Olivia tenía una madurez espiritual más allá de su edad —declaró Erin—. Le encantaba hablar de las cosas del Señor. Entendía el evangelio y lo *deseaba*. Quería conocer a Dios".

Desbordarse de amor por Jesús era un sentido intrínseco de compasión y generosidad en Olivia. "Ella era generosa. Ahorraba su dinero con el fin de comprar regalos para otras personas —comentó Erin, recordando cómo un año Olivia gastó el dinero de su cumpleaños en el regalo del Día de San Valentín para sus padres—. Solía dejarnos notas por toda la casa. Era muy cariñosa, amorosa, reflexiva y desinteresada. Ponía a los demás antes que a ella misma".

En honor de lo que habría sido el decimotercer cumpleaños de Olivia, sus amigos organizaron una campaña comunitaria llamada Olivia's Heart ("el corazón de Olivia"). A los participantes se les pidió que realizaran actos de bondad al azar a lo largo del día para animar a extraños, a seres queridos y a cualquier persona que se encontraran. Una página dedicada a las redes sociales describió el propósito y la esperanza para este esfuerzo:

"Oren por este evento. Esa luz brillaría a través de la oscuridad. Que Dios vuelva a tener la victoria y reciba toda la gloria. Oren para que Olivia y su historia alcancen a aquellos que no son salvos".

En el día señalado, cientos, tal vez miles de personas contestaron el llamado. Entregaron pequeños regalos y detalles en una variedad de formas, cada vez acompañados por una nota que reconocía la generosidad de Olivia y su sensibilidad para hablar de Jesús.

Las personas pusieron giros postales en buzones. Obsequiaron tarjetas de regalo a madres solteras, y flores a empleados de gasolineras. Pagaron las compras de extraños y colocaron bastones de caramelo bajo limpiaparabrisas.

Familias entregaron galletas al departamento de bomberos y llevaron café caliente a policías viales.

Se donaron fondos a organizaciones de caridad. Se distribuyeron bolsas de golosinas al personal hospitalario. Se duplicó la propina de los meseros durante el almuerzo.

En toda nuestra región, cristianos pegaron billetes de un dólar en máquinas expendedoras, insertaron monedas de veinticinco centavos en parquímetros, pusieron chocolates en escritorios de compañeros de trabajo. Innumerables actos de generosidad se otorgaron con gusto y se registraron en redes sociales.

¿Y después?

¡Oh, fue algo grandioso de contemplar!

Los destinatarios empezaron a propagar amor generoso.

Pronto, las personas que ni siquiera habían oído hablar de "Olivia's Heart" —hasta que alguien les pagó la comida o les dio un regalo—, se inspiraron a impulsar la bendición. Mamás llevaron guantes a maestros con turnos en los recreos. Compañeros de trabajo compraron panecillos para el salón de recreación. Oficiales de policía distribuyeron animales de peluche entre niños… y mucho más. Todo en honor a la tierna Olivia y para la gloria del Dios que ella amaba.

"Olivia's Heart" generó un asombroso flujo de historia tras historia, cortesía tras cortesía, bendición sobre bendición cuando una comunidad se unió y fortaleció en fe a través de la generosidad, todo porque una pequeña niña tuvo un deseo dado por Dios de bendecir a otros, y aquellos que la recordaban querían que el legado de Olivia brillara.

Si le das un pez a nuestro Dios

"Olivia's Heart" mostró a nuestra comunidad que la entrega sacrificial funciona. Abre corazones. Cambia estados de ánimo. Transforma personas. Como esta mujer:

> A mi hija no le gustaba el almuerzo caliente que estaban sirviendo en la cafetería de su escuela. Así que corrí a un McDonald's para sorprenderla en la escuela con algo que la gustaba. En el autoservicio me coloqué detrás de una furgoneta blanca que tenía una calcomanía de ventanilla trasera con siete búhos pequeños. Debajo de la calcomanía se veían las palabras: "Sí, estos son nuestros búhos". Pensé: *¡Oh, grandioso!, si esta furgoneta tiene todos estos pequeños búhos, ¡nunca llegaré a tiempo a la escuela!* Por eso, durante los

> quince minutos de espera me impacienté más y más, e hice algunas expresiones faciales poco amables hacia el espejo retrovisor de la furgoneta. Cuando finalmente llegué a la ventanilla, el empleado me entregó la comida junto con una tarjeta de regalo de cinco dólares de parte de "la dama frente a mí". Amiga, me sentí como una imbécil. Por tanto, para la familia en la furgoneta blanca, estoy muy apenada por haber sido grosera detrás de ustedes. A fin de cuentas, solo estabas tratando de alimentar a tus críos como yo estaba tratando de alimentar a la mía. Gracias por recordarme que modere la velocidad. —Una mamá compañera

Cuando damos un regalo a alguien, provocamos una respuesta. Quizás para nosotras solo sea una tarjeta o una taza de café, ofrendas pequeñas e incluso intrascendentales, podríamos decir. Pero Dios no lo ve de esa manera. Él tiene el poder de usar ese obsequio. Puede multiplicarlo. Puede hacer milagros con esa dádiva.

¿Recuerdas esta historia?

> Cuando alzó Jesús los ojos, y vio que había venido a él gran multitud, dijo a Felipe: ¿De dónde compraremos pan para que coman éstos? Pero esto decía para probarle; porque él sabía lo que había de hacer. Felipe le respondió: Doscientos denarios de pan no bastarían para que cada uno de ellos tomase un poco. Uno de sus discípulos, Andrés, hermano de Simón Pedro, le dijo: Aquí está un muchacho, que tiene cinco panes de cebada y dos pececillos; mas ¿qué es esto para tantos? Entonces Jesús dijo: Haced recostar la gente. Y había mucha hierba en aquel lugar; y se recostaron como en número de cinco mil varones. Y tomó Jesús aquellos panes, y habiendo dado gracias, los repartió entre los discípulos, y los discípulos entre los que estaban recostados; asimismo de los peces, cuanto querían. Y cuando se hubieron saciado, dijo a sus discípulos: Recoged los pedazos que sobraron, para que no se pierda nada. Recogieron, pues, y llenaron doce cestas de pedazos, que de los cinco panes de cebada sobraron a los que habían comido (Juan 6:5-13).

Una noche le leí este pasaje bíblico a mi hija mayor cuando ella tenía como cinco años de edad.

—¿Qué tiene de especial esta historia? —le pregunté.

—Este… ¿el muchacho que le dio a Jesús sus pececillos?

—Sí, el chico fue muy amable al compartir sus peces y su pan con todos —dije, asintiendo con la cabeza—. Sin embargo, ¿qué hizo Jesús con eso?

—Lo hizo crecer para que todos pudieran comer.

—¡Sí! ¿No es asombroso esto? La canasta de almuerzo no fue mágica. El muchacho no fue mágico. Pero Jesús tiene superpoderes. *Él* es la estrella de esta historia.

¡*Ahhh!* Mi hija lo captó justo cuando me llegaba una revelación a la mente.

En ocasiones soy como ese muchachito.

Creo que no tengo mucho que ofrecer. Si tan solo fuera multimillonaria, ¿verdad? ¡Entonces podría dar millones a las misiones mundiales! ¡Construiría refugios para personas sin hogar y financiaría una cura para el cáncer! ¡Donaría vacaciones hawaianas a cada maestro, enfermera y oficial de policía en la ciudad! ¡Despilfarraría en las personas tarjetas musicales de cumpleaños, tarjetas de ocho dólares, por amor!

Pero no es así. Soy frugal. Mi presupuesto lo requiere. Por tanto, ese cheque a las misiones mundiales podría estar perdiendo algunos ceros. Los regalos de aprecio a los maestros son más probablemente jarras de ponche hawaiano. Y para tu cumpleaños, mi querida amiga, recibirás una tarjeta de felicitación del almacén del dólar y una llamada telefónica —o mejor aún, una cita para tomar café—, porque te bendeciré con mi presencia. Por supuesto.

Quizás eso no parece una gran fiesta.

¿Y qué? Tal vez lo único que Jesús necesita para alimentar a la multitud sea mi cesto de pequeños peces. ¡Con qué facilidad olvido que Dios puede transformar una humilde ofrenda en algo más grande y mejor, más allá de la imaginación! El factor sorpresa es su tarea, no la mía.

Jesucristo no solo alimentó estómagos de personas. Les alimentó el alma. Y no pasemos por alto el hecho de que en realidad no necesitaba ese lote inicial de peces y panes para obrar un milagro. Jesús puede crearlos de la nada. ¿Podría ser que Él tal vez quiera usar nuestros dones comunes y pasos de fe para iniciar grandes cosas?

Peces y panes, mantas y ropa

Jamie vivía en una ciudad en Maine que albergaba gran cantidad de refugiados. Estas familias trasplantadas habitaban la zona más pobre del distrito centro, entremezcladas con personas sin hogar y adictos en las calles. Uno de los pastores de la iglesia de Jamie se sintió especialmente atraído a servir a estos residentes.

"Yo pertenecía a un pequeño grupo de madres, y queríamos hacer más estudios bíblicos —manifestó Jamie—. Queríamos mostrar nuestra fe en acción". Así que unieron fuerzas con su pastor y realizaron una campaña de mantas en la iglesia.

El grupo pidió a su congregación que donaran mantas en buen uso para los refugiados y otras personas que vivían en el rincón más tenebroso de su comunidad. La petición misma representaba un reto. "La condición general en nuestra ciudad no era de riqueza o gran generosidad —explicó Jamie—. Eran personas muy trabajadoras, apenas de clase media. No era raro que alguien tuviera dos o tres trabajos solo para pagar las cuentas. Por lo que las personas no se deshacían fácilmente de sus cosas".

Sin embargo, a las pocas semanas las mamás habían recogido más de cien mantas y algunos juegos de sábanas, que llevaron a un dispensario de alimentos del centro y los distribuyeron a personas en necesidad. Allí encontraron familias que no eran del todo diferentes de las suyas propias: que vivían día a día, tratando de alimentar a sus hijos y amarse unos a otros a través de circunstancias desafiantes. "Teníamos un deseo tan tremendo de ser relevantes y ayudar —comentó Jamie—. Pero al conocer a estas personas, creo que nos bendijeron tanto como nosotras pretendíamos bendecirlas".

Entusiasmado por el éxito de la campaña de mantas, el grupo decidió luego recolectar ropa y artículos escolares para los hijos de refugiados. Seis meses después regresaron al dispensario de alimentos con gran cantidad de artículos. Jamie continuó diciendo: "Seguimos recibiendo donaciones, y en un año teníamos un suministro de ropa de verano e invierno para niños y adultos, y comenzamos a repartirla de dos a cuatro veces al año".

Lo mejor de todo es que los esfuerzos del grupo permitieron al pastor establecer relaciones con la gente del centro, donde él y las madres voluntarias atendían no solamente las necesidades físicas de las personas sino también sus almas. Jamie declaró: "Una vez pudimos orar por una mujer y ayudarla a ir a rehabilitación. El momento en que nos vio ella concluyó que Dios nos había enviado".

Lo que comenzó como una campaña de mantas se ha convertido ahora en un próspero ministerio diario. El pastor de Jamie abrió un centro de rehabilitación al lado del dispensario de alimentos, donde la congregación sigue distribuyendo ropa y suministros donados. Aunque Jamie se ha mudado a un nuevo estado, aún sigue el progreso del grupo y se asombra de cómo Dios utilizó una docena de mujeres y una congregación de pocos recursos para servir a miles de residentes que siguen aumentando.

La mujer señaló: "Era Dios quien estuvo al frente de todo. Él simplemente estaba prodigándonos su amor a todas nosotras".

Así es como nuestro Dios actúa. ¿Estás dispuesta a dar un paso de fe, a compartir tus bienes materiales y entregarlos al Señor? Él puede hacer mucho de un poco. Y *—alabado sea Dios—* el mundo comenzará a notarlo.

50 maneras de bendecir con tus posesiones

1. Paga las compras de alguien en la caja del supermercado.
2. Lleva chocolate caliente a un guardia de tráfico en la calle.
3. Ve a la lavandería y paga el lavado de ropa de otra persona.
4. Regálale una Biblia a tu peluquera.

5. Deja una propina igual o más grande que tu cuenta de restaurante.
6. Dona regularmente a un ministerio cristiano conocido.
7. Organiza una reunión de compras en una casa y dona las utilidades de la anfitriona a una familia en necesidad.
8. Vende un artículo en línea, y luego sorprende al comprador o la compradora cuando lo recoja entregándoselo gratis.
9. Obsequia una tarjeta de regalo a una empleada en un almacén.
10. Visita la oficina de una escuela primaria local y pide a alguien en autoridad que identifique un niño con necesidades financieras. Ofrece pagar en su totalidad el bono de comida de ese niño.
11. Deja bolsas de víveres en la puerta de una amiga.
12. Compra alimentos para personas desamparadas.
13. Obsequia una canasta de alimentos a alguien en necesidad de una sonrisa.
14. Compra ropa de temporada de buena calidad o artículos para el hogar que estén en liquidación (sombreros, mitones, etc.) y dónalos cuando surjan necesidades a lo largo del año.
15. Deja un pastelito en el escritorio de una compañera de trabajo.
16. Obséquiale una tarjeta de regalo a una maestra.
17. Pasa tarjetas de regalo de saldos al cliente detrás de ti en la fila.
18. Identifica a un niño de una talla o dos menos que el tuyo y obséquiale ropa y zapatos que tu hijo ya no use.
19. Pega cupones a artículos populares en el supermercado.
20. Obsequia libros que tú ya has leído, especialmente a quienes no pueden comprarlos.
21. Haz una donación a agencias comunitarias, como bienes no perecederos a dispensarios de alimentos o productos de higiene a refugios de maltrato en el hogar.

22. Deja cestas de regalo llenas de golosinas para una madre soltera y sus hijos.
23. En lugar de cambiar tu vehículo por uno nuevo, dónalo a una familia que necesita desesperadamente un auto.
24. Pega monedas a máquinas expendedoras o parquímetros donde se utilicen.
25. Paga la cuenta de luz de alguien de tu vecindario.
26. Distribuye tarjetas de regalo o bolsas de obsequios a personas que te sirven, como personal de guardería, carteros, jardineros, mecánicos, empleados de tienda, bibliotecarios, cajeros, asistentes dentales, meseros, etc.
27. Paga de forma anónima la cuenta de restaurante a maestros, veteranos, pastores o parejas ancianas.
28. Envía paquetes de ayuda a hombres y mujeres del servicio militar o a estudiantes universitarios solitarios.
29. Compra un servicio de suscripción mensual para una amiga. Los regalos de suscripción abarcan toda la gama desde cajas de chocolates hasta kits devocionales, artículos artesanales, productos de maquillaje, fruta fresca y mucho más.
30. Paga a un grupo de jóvenes la entrada a una película o un concierto.
31. Da dinero para gastos de viaje misionero de alguien.
32. Dona zapatos o ropa a un ministerio local de ayuda social.
33. Cubre el costo de inscripción del campamento de verano para un niño.
34. Obsequia una Biblia a un extraño.
35. Patrocina a un niño a través del ministerio Compassion u otro similar.
36. Compra golosinas del camión de helados para los niños del vecindario.
37. Dona libros nuevos a la biblioteca.
38. Esconde un dólar en un libro de la biblioteca.
39. Deja baldes y palas en el arenero del patio de recreo.

40. Organiza una venta de objetos usados o un puesto de limonada y dona las utilidades.
41. Dona libros devocionales a la sala de espera de un médico.
42. Contribuye anualmente a ministerios que se especializan en niños.
43. Envía postre a la mesa de otra familia en el restaurante.
44. Paga el peaje de alguien en la carretera.
45. Invita a un helado a la familia de un hombre o una mujer en servicio militar.
46. Pide a los invitados a la fiesta de cumpleaños que contribuyan con donaciones en lugar de regalos.
47. Compra útiles escolares extra para una escuela con presupuesto ajustado.
48. Comparte un taxi y paga la tarifa completa.
49. Brinda una barra de chocolate con almendras al conductor de un autobús.
50. Lleva billetes de baja denominación en tu billetera para obsequiarlos a niños que "pilles" haciendo buenas obras.

Reflexión personal

1. ¿Por qué nos sorprende cuando alguien —especialmente un extraño— se comporta con generosidad? ¿Qué dice eso del estado de nuestra sociedad?

2. Piensa en la historia de este capítulo sobre la mujer en el autoservicio de McDonald's. ¿Puedes relacionarte con su impaciencia? Ella entró en razón cuando el auto del frente le dio una tarjeta de regalo; sin embargo, ¿cómo puede una perspectiva cristiana ayudar a evitar en primer lugar la impaciencia?

3. ¿Crees que no tienes suficiente para dar a otros? ¿Qué dice la Palabra de Dios respecto a eso? Revisa Juan 6:5-13, y mira 2 Corintios 8:12.

4. ¿Qué "regalos comunes" puedes ofrecer a alguien esta semana?

5. ¿Te ha alentado Dios alguna vez a dar en una manera que te parecía imposible en ese momento? ¿Cómo respondiste? ¿Cuál fue el resultado?

6. La historia de Jamie demuestra cómo las bendiciones materiales pueden allanar el camino para bendiciones relacionales y espirituales. Lee Lucas 6:37-38. ¿Cómo este pasaje apoya la idea de que un espíritu generoso es mucho más que lo económico?

7. ¿Quién en tu esfera de influencia necesita bendiciones de posesión? ¿Qué te impide actuar para ayudarle a satisfacer sus necesidades?

8. ¿Cuál de las "50 maneras de bendecir con tus posesiones" te interesa más? ¿Cuál podrías llevar a cabo hoy?

Amor en acción

Elige un armario o alacena para sacar cosas esta semana. Pon en una caja lo que ya no necesites y dónalo a una organización local de caridad, un almacén de ropa usada, o una familia necesitada.

— Capítulo 9 —

Cuatro pasos para bendecir a otros
#3 Perspectiva

Mi hija mayor es como una gallinita madre. Cariñosa, metódica, tímida… le encantan las muñecas, hornear, cantar e ir a la escuela. Se parece mucho a su mamá.

Por eso, cuando nació mi segunda hija, anticipé otra "yo" en miniatura. Lo que obtuvimos fue una chica fuerte, vivaz y ruidosa que prefiere la acción a jugar a las hadas. Ella es una fuente de entretenimiento constante, fortaleza y desconcierto.

Por supuesto que amo a mis dos hijas. Pero a fin de amarlas realmente bien, debo reconocerlas y aceptarlas por quienes Dios quiso que fueran al crearlas, independientemente de cómo eso coincida con mis expectativas.

Todas debemos hacer eso, con todo el mundo.

> Jehová respondió a Samuel: No mires a su parecer, ni a lo grande de su estatura, porque yo lo desecho; porque Jehová no mira lo que mira el hombre; pues el hombre mira lo que está delante de sus ojos, pero Jehová mira el corazón (1 Samuel 16:7).

En el Antiguo Testamento, Dios envió al profeta Samuel a visitar a un hombre del campo llamado Isaí. Su encargo era identificar entre los hijos de aquel agricultor-pastor al hombre que se convertiría en rey de Israel. Isaí hizo desfilar a siete individuos fuertes y capaces delante de Samuel, pero cada vez el Señor le dijo al profeta: no, este no es el elegido.

Por último, el hijo menor, el pequeño, un simple pastor de ovejas, era la única opción que quedaba. A regañadientes, Isaí le permitió al muchacho que se dejara ver, y fue entonces cuando Dios dijo: sí, este es el hombre, decido que este chico lleve a cabo mi obra en la tierra. Escógelo.

David.

¡*Ah!* ¿Y en quién se convirtió este muchacho pastor? En el rey más grande de la historia de Israel, guerrero poderoso, autor de salmos, un hombre conforme al corazón de Dios. El Señor vio todo esto en David, antes que pudieran verlo todos los demás, incluso un profeta.

¿Sabes qué? Dios también ve el potencial en ti y en mí.

> Somos hechura suya, creados en Cristo Jesús para buenas obras, las cuales Dios preparó de antemano para que anduviésemos en ellas (Efesios 2:10).

Échale la culpa a la naturaleza pecaminosa: juzgamos muy rápido a los demás por la apariencia, el comportamiento, la educación, las equivocaciones. Juzgamos a los extraños. Juzgamos a los amigos. Juzgamos a las mismas personas que se sientan a nuestro alrededor en la sala de estar a comer palomitas de maíz los viernes por la noche. Esperamos que sean *esta* clase de personas, cuando en realidad Dios las creó para que sean *esa* clase de personas, y Él las elige, valora y ama de la misma manera.

¿No deberíamos nosotras hacer también lo mismo?

El siguiente en nuestros cuatro pasos de bendición es *perspectiva*: cómo ver a las personas, cómo eliminar prejuicios e ideas erróneas, y cómo mantener nuestros ojos atentos a las oportunidades de amar y bendecir a otros, especialmente a las personas diferentes a nosotras. En nuestras iglesias, nuestras comunidades, nuestros lugares de trabajo y hogares, la perspectiva es un ingrediente clave para amar del modo en que Jesús ama.

> Por tanto, recibíos los unos a los otros, como también Cristo nos recibió, para gloria de Dios (Romanos 15:7).

Examinemos cinco aspectos de una perspectiva piadosa que nos permitirán amar con generosidad.

Perspectiva #1: Las personas le pertenecen a Dios

Abordé el avión, estrujé mi bolso de mano dentro del compartimiento superior y me abroché el cinturón de seguridad en un asiento junto a la ventanilla. Acababa de terminar un agotador congreso de cuatro días al otro lado del país, y estaba ansiosa por llegar a casa y ver a mi familia. Dormir durante el vuelo era lo más importante en mi lista de cosas por hacer; conversar no lo era.

A los pocos minutos, un hombre de mediana edad con cabello corto y pantalones caqui se acomodó en el asiento junto a mí. Al principio esperé que no nos prestáramos atención; él cerró los ojos durante la demostración de la máscara de oxígeno, y supuse que estaba nervioso o cansado, o ambas cosas. En realidad, solo estaba aburrido.

—¿Va usted o regresa? —preguntó, abriendo un párpado y volviendo ligeramente la cabeza hacia mí.

—Regreso —contesté sonriendo—. Wisconsin es mi hogar. ¿Y usted?

—Bueno, me dirijo a Milwaukee por unos días. Acabo de venir de un seminario en Raleigh. Luego iré a Detroit y Atlanta y haré una breve parada en Washington D.C. antes de tener un descanso. Viajo mucho por mi trabajo.

No bromeo. Resultó que mi compañero de asiento era un agente federal cuyo trabajo implicaba preparar oficiales de policía en toda la nación en materia de perfiles y prejuicios raciales. Su objetivo era romper las barreras de la percepción con el fin de que todos en el país recibieran un trato justo.

—Cada vez que me subo a un avión —me dijo—, imagino que es mi primer vuelo. Nada de prejuicios basados en mi experiencia previa con aviones, aunque he estado en cientos de ellos. Creo que las personas deberían tratarse en esa misma forma.

Vaya. De pronto me alegré de no haberme dormido. Mi nuevo amigo federal me enseñó una lección que debí haber sabido bien de mi Biblia: *Abordar a cada individuo como alguien digno de respeto.* Sin evaluaciones preconcebidas basadas en su posición económica o social, en qué ropa lleva, o en cómo habla. Simplemente ver a las personas como en realidad son: seres creados por Dios.

> Reconoced que Jehová es Dios; Él nos hizo, y no nosotros a nosotros mismos; pueblo suyo somos, y ovejas de su prado (Salmos 100:3).

Aquí es donde debo hacer una pausa y una distinción importante. ¿Sabías que todas las personas son criaturas de Dios, pero que solo mediante la fe en Cristo llegamos a ser hijos de Dios?

> A todos los que le recibieron, a los que creen en su nombre, les dio potestad de ser hechos hijos de Dios (Juan 1:12).

Una vez que nos rendimos a Jesús como nuestro Señor y Salvador somos más que posesión divina, más que su obra maestra: somos sus herederos (Romanos 8:17). ¿Cuán asombroso es eso?

Sin embargo, es triste que nuestra posición como hijos de Dios pueda crear un complejo de superioridad en algunos cristianos.

No lo permitas.

Porque, aunque los creyentes puedan estar separados, recuerda que Dios ama al mundo entero (Juan 3:16), y no quiere que nadie perezca (2 Pedro 3:9). Por tanto, debemos tratar a cada persona, independientemente de su origen étnico, raza, religión o estilo de vida, como hijos *potenciales*.

> Él murió por todos para que los que viven ya no vivan más para sí mismos, sino para agradar al que murió y resucitó por ellos. Así que dejémonos de medir a los demás por lo que el mundo piense de ellos. Y aunque a Cristo lo hayamos conocido de esa manera, ya no lo haremos más (2 Corintios 5:15-16, NBV).

Personas de todo credo, origen, color, forma y tamaño fueron plantados en el vientre de su madre por un Dios amoroso y compasivo, el único Creador en existencia, el único que tiene el poder para crear personas y salvarlas, sea que lo reconozcan a Él o no.

Entonces, hasta el día en que el cielo se apodere de la tierra, no veo a las personas como incrédulas, sino como *pre*creyentes. Y es privilegio nuestro como cristianas mostrarles por qué la vida con Cristo es una buena alternativa. ¿Estamos haciendo eso? ¿Muestran nuestras acciones, palabras y opiniones al Dios amoroso que acepta a las personas? Nuestra perspectiva conforma nuestro testimonio. Por eso debemos asegurarnos que la manera en que vemos a las personas esté alineada con la manera en que Dios las ve.

Perspectiva #2: Los cristianos conforman un solo cuerpo

Tal vez tú tengas claro todo lo relacionado con el testimonio. Amas a los precreyentes, los aceptas, los invitas a comer… eso es fabuloso. Es asombroso. Sin embargo, ¿cómo te está yendo con amar a otros cristianos?

Hace poco leí un montón de contestaciones a encuestas sobre un evento de iglesia que yo había ayudado a planificar. La mayoría de respuestas eran alentadoras o constructivas, pero unas pocas eran sorprendentemente malas. Traté de no hacerles caso, pero es difícil evitar que un puñado de pimienta no eche a perder todo el frasco de miel.

No obstante, cuanto más lo pensaba, tuve que admitir: ¿no había sido yo antes como un poco de pimienta? ¿No lo has sido tú?

Cada vez que nos quejamos de nuestra iglesia, nuestros líderes o nuestras hermanas en Cristo.

Cuando el culto de adoración es demasiado ruidoso, demasiado lento, tiene demasiados himnos, no tiene suficientes himnos, ¿y por qué dejan que ese individuo con los tatuajes en el cuello suba al estrado? ¿No tenemos normas aquí?

Cuando el líder del estudio bíblico no interrumpe a las parlanchinas sentadas frente a ti, cuando la mesa de bocadillos tiene demasiados productos horneados, cuando no cuenta con suficientes productos horneados, cuando el libro que eligieron es demasiado simple o demasiado serio, demasiado corto o demasiado largo. ¿Quiénes son "ellos", de todos modos? ¿No pueden elegir algo mejor la próxima vez?

¿Y si el predicador tiene demasiados incisos, no tiene suficientes incisos, o ningún punto claro en absoluto? ¿No tenemos derecho de quejarnos? ¿De asegurarnos que las personas encargadas sepan que deberían esforzarse más para satisfacer nuestras necesidades porque, después de todo, existen para servir?

Sí, así es. Esas personas existen para servir... a Dios. Y tú también. Yo también. Este es un trabajo en que todos participamos. Por eso es que la Biblia llama al pueblo de Dios el cuerpo de Cristo.

> Así como el cuerpo es uno, y tiene muchos miembros, pero todos los miembros del cuerpo, siendo muchos, son un solo cuerpo, así también Cristo... Ni el ojo puede decir a la mano: No te necesito, ni tampoco la cabeza a los pies: No tengo necesidad de vosotros... De manera que si un miembro padece, todos los miembros se duelen con él, y si un miembro recibe honra, todos los miembros con él se gozan (1 Corintios 12:12, 21, 26).

Tu pastor, tu equipo de adoración, el líder de tu estudio bíblico, tu maestro de escuela dominical, la mamá que se sienta a tu lado con un niño que grita, ese estudiante universitario con cabello color púrpura, y cada uno de los creyentes en tu congregación por no mencionar todas las demás congregaciones cristianas en el mundo, forman parte del mismo cuerpo. *Nuestro* cuerpo. Lo cual significa que cuando hacemos oscilar nuestras quejas como hachas, listas a golpear un pie porque no nos gusta como camina, en realidad estamos cortando nuestro propio pie.

¡Ay!

Para sobrevivir, un cuerpo necesita que todas sus partes funcionen en armonía y sí, a veces eso significa que debemos hacernos exámenes, recibir una dosis de medicinas, o incluso tener una cirugía. Eso es lo que la crítica constructiva y la rendición de cuentas arraigadas en amor pueden hacer por el cuerpo. Tal cosa es saludable.

Sin embargo, hay una gran diferencia entre la crítica constructiva y las quejas egoístas.

Por eso la próxima vez que sientas la tentación de cortar una parte del cuerpo, pregúntate: ¿cuál es mi motivación? Podemos tener derecho a ofrecer nuestras propias opiniones, pero nadie tiene derecho a cortar el cuerpo en pedazos. Si tu intención es edificar el cuerpo, entonces claro que puedes declarar tus ideas con un espíritu que brinde ánimo.

No obstante, si tus palabras solo están destinadas a cortar y picar, recuerda, por favor, que solo te hieres tú misma… y a Dios.

> Mientras aún queda tiempo, cada uno debe animar al otro a seguir confiando. Así nadie dejará de obedecer a Dios, ni pensará que, si peca, hace el bien (Hebreos 3:13, TLA).

Perspectiva #3: Existes para servir

Ahora bien, volvamos al concepto de servicio. Como acabamos de establecer, el servicio no es exclusivo de quienes ocupan cargos de liderazgo u otras posiciones humildes. Servir no es una vocación, sino un estado del corazón.

> Porque vosotros, hermanos, a libertad fuisteis llamados; solamente que no uséis la libertad como ocasión para la carne, sino servíos por amor los unos a los otros (Gálatas 5:13).

Como cristianos, existimos para amar a Dios y a los demás. Una manera importante en que demostramos nuestro amor es sirviendo. Esto requiere afinar nuestra perspectiva hacia personas cuyo trabajo —vocación— es servirnos. Por ejemplo, ¿está ese empleado de la gasolinera parado allí en el mostrador para servirte, o estás tú allí para servirle a ella?

¿Llega el maestro de tu hijo al salón de clases cada día para servir a tu familia, o estás en una posición de servirle?

¿Te sirve solo a ti tu cartero, tu mesero, tu asistente de vuelo, tu contratista, tu niñera, tu higienista, tu repartidor de pizza, o no deberías tú también ver tus interacciones con estas personas (creadas por Dios) como oportunidades para *servirles*?

> El Hijo del Hombre no vino para ser servido, sino para servir, y para dar su vida en rescate por muchos (Mateo 20:28).

Muchas de nosotras somos muy propensas a quejarnos cuando un "sirviente" no satisface nuestras necesidades. Tal vez deberíamos considerar cómo podemos nosotras satisfacer *sus* necesidades. Sonríele a la cansada cajera de la tienda por departamentos y pregúntale cómo le está yendo. Agradece a tu mesera y ora por su familia. Escribe una nota de aliento al árbitro de fútbol de tu hijo. Nadie está pidiéndote que cuelgues de una cruz por estas personas. Jesús ya lo hizo por ti, por mí, *y* por el árbitro. Lo único que debemos hacer es ser amables.

Así que cuando nuestra naturaleza pecaminosa nos tiente a exigir, acusar y quejarnos, invoquemos en vez de eso la sabiduría y fortaleza de Dios para servir.

Vaya. ¿Cómo podría tal actitud influir en el mundo para Jesús?

Perspectiva #4: Las bendiciones están en todas partes

Ya hemos analizado cómo una vida basada en "dar prioridad a los demás" requiere mantener abiertos nuestros ojos a las invitaciones de Dios. Él siempre nos trae personas para que las bendigamos; solo debemos observar y luego actuar. Pero hay otra cara. También debemos reconocer las bendiciones que Dios *nos* da cada día.

> Bendice, alma mía, a Jehová, y no olvides ninguno de sus beneficios (Salmos 103:2).

Es fácil quedar envueltas en toda la suciedad de lo que está saliendo mal en nuestras vidas. Cuentas, padecimientos, tensión laboral, problemas de relación, lo que sea. Podemos enfocarnos tanto en el barro de nuestros zapatos que olvidamos el sol que brilla en lo alto.

Sin embargo, he aquí la pura verdad. Cuando vemos y recibimos las bendiciones de Dios, somos más propensas a *brindar* bendiciones. ¿Por qué? Piénsalo de este modo: Si haces una horneada de galletas frescas y deliciosas con trozos de chocolate, podrías comerte algunas (doce, por ejemplo), pero las posibilidades son de que también querrás compartirlas, ¿verdad que sí? Dios te bendijo con los ingredientes y la habilidad para hacer esas galletas, y estás feliz de obsequiárselas a tus hijos, tus compañeros de trabajo, tus invitados. Te gustará ver las sonrisas que tales galletas traen a las caras de las personas. ¡Las galletas son maravillosas! ¡Disfrutémoslas!

Las bendiciones funcionan de igual manera. Cuanto más somos bendecidas, más nos sentimos estimuladas a bendecir a otras personas. Lo cual significa que para amar con nuestro total potencial debemos, en primer lugar, comprender cuán bendecidas somos.

Sí, las facturas llegan cada mes. Pero gracias a Dios por un hogar y por el agua caliente y limpia. Incluso los pagos de la hipoteca y la factura de la electricidad son, por otro lado, una bendición.

Detesto la gripe tanto como casi cualquier otra mujer; pero gracias a Dios vivimos en un tiempo de buenas ayudas antigripales.

Las relaciones pueden ser complicadas y dolorosas, y no obstante nos enseñan a amar a personas con defectos como Jesucristo hace. Las dificultades nos hacen más como Él. Y eso en realidad es una bendición.

> Hermanos míos, tened por sumo gozo cuando os halléis en diversas pruebas, sabiendo que la prueba de vuestra fe produce paciencia. Mas tenga la paciencia su obra completa, para que seáis perfectos y cabales, sin que os falte cosa alguna (Santiago 1:2-4).

Tengo amigas maravillosas. Una gran iglesia. Mi esposo es un excelente padre. Por tanto, puede que no tenga una cocina último modelo, pero mi alacena está llena de alimentos, y puedo preparar un almuerzo saludable para mis extraordinarios hijos igual de bien sobre una superficie laminada como podría hacerlo sobre esa esquiva cocina remodelada. ¿Quién la necesita? Ya tengo bastante.

¿Y tú? ¿Cuáles son tus bendiciones? ¿Las has contado últimamente? ¿O, igual que yo algunas veces, estás permitiendo que las quejas eclipsen tu gratitud?

Proverbios 4:23 declara: "Sobre toda cosa guardada, guarda tu corazón; porque de él mana la vida". Parte de "guardar tu corazón" implica llenarlo con la perspectiva correcta. Reconoce tus bendiciones. Alaba a Dios por ellas. Deja que empapen tu corazón con gratitud, para que cuando sea tocado y exprimido por la necesidad de otra persona, el amor de Dios no pueda dejar de derramarse.

Perspectiva #5: Mantén un enfoque eterno

Nuestra última perspectiva es sin duda la más importante de todas. Independientemente de los desafíos que puedas atravesar en tus relaciones, responsabilidades y cargas, recuerda esto: Todas nuestras pruebas en la tierra son temporales. Dios está obrando ahora en la restauración de nuestras vidas para la eternidad, la cual dura muchísimo más que el tiempo aquí.

¿Recuerdas a mi amiga Valerie? Ella está contando con eso:

"Realmente creo que todos los problemas que ahora mismo enfrento en mis relaciones son solo el fertilizante para las relaciones que cultivaré en el cielo. Cuando la gente nos hiere y sentimos que no podemos reparar lo que se ha destruido, debemos dar un paso atrás y ver el panorama más completo —la perspectiva eterna— o simplemente nos desesperamos. Mis luchas aquí están preparando mi huerto eterno para la cosecha. Realmente creo que un día, cuando todo vuelva a ser perfecto, tales relaciones serán hermosas".

> Por tanto, nosotros también, teniendo en derredor nuestro tan grande nube de testigos, despojémonos de todo peso y del pecado que nos asedia, y corramos con paciencia la carrera que tenemos por delante, puestos los ojos en Jesús, el autor y consumador de la fe, el cual por el gozo puesto delante de él sufrió la cruz, menospreciando el oprobio, y se sentó a la diestra del trono de Dios. Considerad a aquel que sufrió tal contradicción de pecadores contra sí mismo, para que vuestro ánimo no se canse hasta desmayar (Hebreos 12:1-3).

Reflexión personal

1. Revisa las cinco perspectivas descritas en este capítulo:

- Las personas le pertenecen a Dios
- Los cristianos conforman un solo cuerpo
- Existes para servir
- Las bendiciones están en todas partes
- Mantén un enfoque eterno

¿Te abrió los ojos hacia algún punto débil alguna de estas perspectivas? ¿Cuál de ellas te afectó más, y por qué?

2. Lee 2 Corintios 5:20-21. ¿Qué significa ser embajador en nombre de Cristo? ¿De qué manera el modo en que vemos a las personas afecta lo bien que representamos el evangelio a otros (especialmente a precreyentes)?

3. ¿Has albergado alguna vez una queja contra tu iglesia o grupo de comunión? ¿Cuál es la diferencia entre queja y crítica constructiva? ¿Cómo crees que la perspectiva #2 afecta el modo en que ves tus quejas?

4. ¿Eres rápida en señalar los defectos de otras personas? Lee Salmos 139:24 y Mateo 7:3-5. ¿Qué sugieren estos pasajes sobre aquello en lo que deberíamos enfocarnos?

5. Recuerda nuestras herramientas para bendecir a otros en el capítulo 4. Una de ellas es ser una porrista. Lee Efesios 4:29. ¿Por qué las palabras de aliento son vitales para levantar a otros? Por el contrario, ¿cómo pueden las palabras derribar a otros? ¿Qué le hace esto al cuerpo de Cristo?

6. Servir a otros requiere cultivar un espíritu de humildad. ¿Qué te impide ser humilde?

7. Lee 1 Tesalonicenses 5:16-18. ¿Cómo dar gracias puede ayudarnos a mantener a la vista nuestras bendiciones? ¿Qué papel juega la oración en el desarrollo de un sentido de gratitud?

8. ¿Cómo puede una perspectiva eterna consolarnos en nuestras aflicciones? Lee Romanos 8:28; Génesis 50:20; Jeremías 29:11; Lamentaciones 3:58; Juan 16:33 y 2 Corintios 4:16-18.

Amor en acción

La próxima vez que vayas a una tienda o un restaurante, imagina que estás allí para servir a quien sirve. Ofrece alguna forma de bendición a la cajera o al personal de servicio: un cordial saludo, una conversación genuina, preguntando cómo puedes orar por ellos, etc. Decide ver a esa persona como alguien a quien Dios te ha pedido que influyas para Él. ¿Cómo afecta esto tu comportamiento? ¿Tu actitud? ¿Tu estado de ánimo?

— Capítulo 10 —

Ama a las personas que no son como tú

El pastor principal de mi iglesia, Dennis Episcopo, es de origen italiano, nacido en Nueva York y suele hablar con franqueza. En el púlpito y en la vida diaria es sabio, apasionado y celoso por los perdidos.

¿Mencioné que es sabio?

Sí. Suficientemente sabio para reconocer sus propias defectos.

> Me hallaba esperando en la fila en una tienda del centro comercial, y esa mujer joven estaba allí delante de mí. Se hallaba completamente tatuada y tenía perforaciones en todo el rostro, incluso una en la lengua. Lo podías ver porque la chica abría la boca para conversar con otros clientes en la fila. Me quedé mirándola, moviendo los dedos de los pies y pensando: *Vamos, no estás entreteniendo a todos. Otras personas tenemos muchas cosas que hacer, por lo que más quieras*. Ella era muy paciente y educada con las otras personas en la fila, pero yo cada vez me impacientaba y me molestaba más. Entonces, de repente la muchacha giró la cabeza y me vio. Puso esta mirada de sorpresa en el rostro y exclamó: "¡Pastor! ¡Es un gusto verlo! Qué gran sermón predicó el domingo. ¡Vaya, que me afectó realmente!". ¿Sabes qué? Me dolió en el alma. Fue como si

Dios estuviera gritándome: *¿Cuándo vas a aprender a no juzgar a las personas por las apariencias?*

Ninguna de nosotras es inmune a percepciones erróneas. Podemos evaluar rápidamente a una persona y hacer suposiciones sobre quién es o qué cree, basándonos en… ¿qué? ¿Su ropa? ¿El color de su piel? ¿Su ocupación, modales, sus ideas políticas, el auto que conduce, lo que come, su equipo deportivo favorito? Vivo en una región donde algunas personas usan voluntariamente en público un sombrero de espuma en forma de queso para mostrar apoyo al equipo local de fútbol americano, pero incluso esto no nos da pistas del verdadero carácter del superfanático. Algunos de ellos realmente son personas muy normales de lunes a sábado.

El juicio externo y superficial es peligroso. Porque, como el pastor Dennis afirma, destruye la obra de Dios.

Él explicó: "Cuando juzgas basándote en apariencias, no estás en posición de ser sal y luz, y de amar a las personas. ¡Estás fuera de juego! No puedes ser usado en una manera redentora porque no estás enfocándote en el corazón de los demás, sino en tus opiniones y prejuicios. Sin mencionar que te equivocas la mayor parte del tiempo".

¿La conclusión? Si quieres ser usada por el Maestro, mira más allá de las apariencias. Entérate de dónde vienen las personas y cómo la historia de sus vidas las ha conformado. Sé abierta, sé amable. Y comprende que ser diferente no significa automáticamente ser malo.

> Y el Señor os haga crecer y abundar en amor unos para con otros *y para con todos*, como también lo hacemos nosotros para con vosotros (1 Tesalonicenses 3:12).

Vive como ciudadana del reino

Amo a mis amigas del club del libro. Nos reunimos una vez al mes para examinar el argumento, los personajes, el simbolismo y las intenciones de una novela escogida. ¡Oh!, sencillamente me encanta desmenuzar un buen libro. Los análisis de grupo son intelectuales, creativos, agradables e intensos. Estimulan mi cerebro y me avivan el corazón. Además, por lo general alguien hornea una buena torta o pastel de café. Todo un gol.

Cuando llegamos a la gran pregunta al final de cada reunión —¿te gustó el libro?— no todas estamos de acuerdo. Pero sí lo estamos en la mayoría de otros asuntos importantes.

Todas somos cristianas. Todas somos mamás. Todas somos de Wisconsin con ropa que lavar y doblar y esposos que alimentar. Podemos hablar sobre presagios y puntos de vista, cambiar el tema a rutas de bus escolar y volver al asunto anterior sin perder detalle.

Es fácil amar a estas mujeres. Se parecen mucho a mí. ¿Y qué pasa entonces con quienes no se me parecen?

> Si amáis a los que os aman, ¿qué recompensa tendréis? ¿No hacen también lo mismo los publicanos? Y si saludáis a vuestros hermanos solamente, ¿qué hacéis de más? ¿No hacen también así los gentiles? Sed, pues, vosotros perfectos, como vuestro Padre que está en los cielos es perfecto (Mateo 5:46-48).

¡Ay!

Hay que crecer, señoras. Esas son palabras de Jesucristo, quien básicamente está diciendo: *Oigan, ¿qué les hace creer que son como yo si solo son amigables con sus amigas?*

Jesús se relacionaba con muchos personajes cuestionables: publicanos (sinvergüenzas), prostitutas (mujeres perdidas), pescadores (obreros), samaritanos (liberales).

Nosotros etiquetamos a las personas, ¿no es así? Sin embargo, Jesús dice que las personas no tienen categorías. No son estereotipos. Son personas. Así que trátalas como Dios lo haría.

Ámalas.

> He aquí otra manera de decirlo: Ustedes están aquí para ser luz,

> para sacar a relucir los colores de Dios en el mundo… Mantén la casa abierta; sean generosos con sus vidas. Al abrirse a otros, motivarán a que los demás se abran con Dios, este Padre generoso en el cielo (Mateo 5:14, 16, The Message, traducción literal).

¿Qué haría Jesús?

Bernardo y Amanda se envían mensajes de texto a diario. Bernardo visita la casa de Amanda, juega con sus hijos y la lleva al trabajo cuando el auto de ella se descompone. Son amigos cercanos. En realidad, Amanda afirma que son como de la familia.

Nunca imaginarías que hace solo tres meses Bernardo y Amanda eran totalmente extraños.

"Le envié un mensaje por accidente —comentó Amanda—. Y todo se intensificó a partir de allí".

Amanda, madre soltera de tres hijos, luchaba por hacer frente a las demandas de la vida. Se había mudado recientemente a otro estado y no tenía amigos íntimos o familiares cerca en quienes confiar. Cuando sus hijos atravesaron un período de resfriados y gripe, ella faltó mucho al trabajo y perdió el empleo. Sin ingresos, sin hogar y sin auto, se comunicó desesperadamente con un conocido en Facebook.

"*Me preguntaba si conoces un buen versículo bíblico para que alguien ore cuando está en profundo temor, debilidad y desesperación personal*".

Al instante en que pulsó Enviar, Amanda se dio cuenta de su equivocación. Tenía la intención de enviar la súplica a alguien con nombre similar, pero la envió a Bernardo, un extraño. Ella se retractó rápidamente. "Persona equivocada, lo siento".

Bernardo no estuvo de acuerdo.

Él escribió: "Dios pone personas en nuestras vidas por una razón". Luego le envió a Amanda varios versículos bíblicos, pero no se detuvo allí. "La única pregunta que no dejaba de recorrer mi mente era: ¿Qué haría Jesús?". Así que condujo hasta el hotel donde Amanda y sus hijos estaban y pagó una estadía de dos noches. Luego la ayudó a crear una página de financiación benéfica, donde comenzaron a llegar donaciones. A los pocos días, Amanda tenía suficiente dinero para recuperarse. Alguien le envió un auto. Otra persona la puso en contacto con una nueva oportunidad de empleo. Hoy día trabaja a tiempo completo como enfermera y atiende a sus hijos lo mejor que puede.

"Bernardo sigue preocupándose siempre por mí —confesó ella—. Es asombroso tenerlo en mi vida. Él es la clase de amigo que dice la verdad y me pide cuentas. Me ama, pero no le da miedo regañarme cuando debe hacerlo, y lo aprecio por eso. Todo esto ha restaurado mi fe en la humanidad. Ha restaurado mi fe en Dios".

Bernardo no buscaba una amistad ni otra responsabilidad. No podía relacionarse directamente con las circunstancias o luchas de la vida de Amanda. Ellos prácticamente no tenían nada en común. Pero él vio una oportunidad de bendecir a alguien, y actuó en consecuencia. ¿Por qué? *Porque hacer eso honra a Dios.*

> Tuve hambre, y me disteis de comer; tuve sed, y me disteis de beber; fui forastero, y me recogisteis; estuve desnudo, y me cubristeis; enfermo, y me visitasteis; en la cárcel, y vinisteis a mí. Entonces los justos le responderán diciendo: Señor, ¿cuándo te vimos hambriento, y te sustentamos, o sediento, y te dimos de beber? ¿Y cuándo te vimos forastero, y te recogimos, o desnudo, y te cubrimos? ¿O cuándo te vimos enfermo, o en la cárcel, y vinimos a ti? Y respondiendo el Rey, les dirá: De cierto os digo que en cuanto lo hicisteis a uno de estos mis hermanos más pequeños, a mí lo hicisteis (Mateo 25:35-40).

El camino al corazón de una mujer

Wendy es madre, maestra y consejera de campamento; ama a Jesús, a su esposo y a su iglesia. ¡Oh, y con regularidad visita clubes nocturnos!

No para trabajar. Va allí a servir.

Y a hacer amigas.

Wendy es parte de un ministerio llamado Sweet Treats, un programa diseñado para llevar el amor de Dios a lugares sórdidos. Cada semana, Wendy y un grupo de compañeras voluntarias entregan canastas de productos horneados y artículos de tocador en lugares donde trabajan mujeres como bailarinas exóticas. Van con la intención de edificar relaciones y repartir gozo. En última instancia, su esperanza es presentar a Cristo Jesús a estas mujeres, pero no te equivoques, Sweet Treats no es solo un ministerio de corto plazo. Las voluntarias se invierten a largo plazo. Ofrecen su tiempo, atención, oraciones y amistad auténtica a las mujeres a quienes sirven, porque creen que ellas valen la pena.

"Estas amigas llevan vidas muy diferentes a las nuestras —explicó Wendy—. Nos han dicho que cuando las visitamos se sienten como 'personas normales' porque estamos dispuestas a entrar a su mundo y hablar como amigas que las respetan y honran su personalidad".

Wendy nunca se refiere a las mujeres como nudistas o bailarinas. Ni siquiera las llama mujeres. Son siempre y simplemente *amigas*.

"Una querida amiga fue a trabajar con una taza que llevó de la cafetería y otra amiga le preguntó qué le pasó y si había ido por el autoservicio —recordó Wendy—. Ella declaró enfáticamente que cuando va por un café al centro de la ciudad *nunca* pasa por el autoservicio, porque cuando entra a la cafetería le gusta mirar alrededor a todos los clientes que están tomando café, en sus computadoras, conversando y leyendo, y por un momento ella finge simplemente que es como ellos".

Aunque las amigas Sweet Treats se sienten separadas del resto del mundo, Wendy hace lo posible por cerrar la brecha. Muchas de las amigas también son madres, por lo que encuentran puntos en común hablándoles de sus hijos. En uno de los casos, Wendy planeó llevar a un parque acuático local a una amiga y sus hijos.

"Después que fijamos la fecha —dijo Wendy—, ella me miró

y manifestó: 'Vaya. ¿Supongo por tanto que ahora tengo una verdadera amiga?'".

Aunque esta amiga ya terminó su carrera de enfermería y dejó de ser bailarina, las dos mujeres siguen en contacto. Wendy declaró: "Espero que ella sepa que es digna de una amistad verdadera. Y que aún tiene una amiga en mí".

Jesús tenía un corazón sensible hacia las personas perdidas y atribuladas. Sencillamente, mira los Evangelios y leerás que Él libró de la muerte por lapidación a una adúltera (Juan 8:2-11), que ofreció agua viva a una mujer que había tenido varias relaciones fuera del matrimonio (Juan 4:1-26) y que permitió que una mujer desacreditada le lavara los pies con sus lágrimas (Lucas 7:36-50). Jesús no juzgó a estas mujeres, sino que las perdonó. Las valoró. Las redireccionó. Las *amó*.

¿Cuánto? La Biblia puede contestar eso.

> Cristo, cuando aún éramos débiles, a su tiempo murió por los impíos. Ciertamente, apenas morirá alguno por un justo; con todo, pudiera ser que alguno osara morir por el bueno. Mas Dios muestra su amor para con nosotros, en que siendo aún pecadores, Cristo murió por nosotros (Romanos 5:6-8).

Ponte en su lugar

Si alguna vez has viajado a un país en el que no se habla tu idioma, que no tiene tu clima ni los habitantes conducen sus autos por tu lado de la calle, sabes de primera mano lo difícil que es ser forastero. Recorrer territorio extranjero es una tarea vulnerable.

Ib descubrió esto la primera semana que llegó a Canadá.

Nativa de Nigeria, Ib (que se pronuncia ai-bi) es una mujer muy educada, esposa dedicada y madre de dos niños pequeños. Cuando a su esposo le ofrecieron una oportunidad de vivir y trabajar en Ontario, toda la familia empacó un mínimo de pertenencias y se reubicó al otro lado del mundo.

"Inicialmente creí que no necesitaríamos ayuda —declaró ella—. Pensé que podríamos solucionar con dinero cualquier cosa que quisiéramos, y que todo se arreglaría".

No fue así.

Al principio, la pareja supo que no podían comprar una casa. Llegaron a Canadá con mucho dinero en efectivo, pero los bancos requerían medio año de historial crediticio. Al igual que las propiedades de alquiler, lo cual significaba que, para obtener un apartamento, la familia de Ib tuvo que pagar por adelantado cinco meses de alquiler. Para empezar, eso consumió gran parte de sus ahorros. Gracias a Dios pudieron comprar muebles, pero se enteraron que tardarían seis semanas en producir y entregar el pedido. Por si fuera poco, el esposo de Ib viajaba a la costa para ir a trabajar, dejando a su esposa sola en casa con sus hijos a veces durante semanas… en un país desconocido, sin auto y sin parientes cerca.

"Se acercaba Navidad, y estábamos solos y echábamos de menos nuestro sistema de apoyo —explicó Ib, así que concluyeron que los extras no eran necesarios bajo esas circunstancias, por lo que se abstuvieron de comprar árbol de Navidad y eligieron solo un regalo para cada uno de los niños—. Nos imaginamos que simplemente disfrutaríamos de nuestra familia y que superaríamos este tiempo difícil por nuestra cuenta".

Sin embargo, una vecina se detuvo y observó que el apartamento de ellos estaba vacío. Llamó al día siguiente y dijo: "Espero que no les importe, pero una amiga mía está mudándose y no necesita su mesa y sus sillas. Se los entregará mañana a ustedes, junto con una cama".

Luego, una mañana al salir de la escuela, una mamá le preguntó a Ib cómo estaban adaptándose. Ib informó: "Me preguntó si yo iba a poner árbol de Navidad, y le expliqué por qué no íbamos a hacerlo. Así que me dijo que acababa de conseguir un nuevo árbol artificial y que estaría feliz de regalarnos el antiguo árbol. El ofrecimiento fue tan genuino y repentino que me conmovió realmente".

Eso no fue todo. Esta nueva amiga llevó a Ib a comprar regalos de Navidad para sus hijos y atravesaron la ciudad para encontrar el mejor precio. Otra mujer le regaló dinero a Ib para que comprara luces navideñas. Después alguien le dejó una bolsa de regalos en la puerta dos días antes de Navidad, firmando: "Tu amiga secreta". Se vertieron bendiciones no solicitadas de parte de padres vecinos y de padres compañeros de escuela que reconocieron una oportunidad de ayudar a facilitar la transición intercultural de una familia.

"Realmente me ayudaron mucho a superar el dolor —explicó Ib—. Pero más que eso, me abrieron los ojos a lo hermoso de bendecir a otros".

Ib se preguntó: *¿De qué manera he hecho todo a mi alcance por alguien más, cuando ni siquiera conozco el dolor que está atravesando?* Y ella no pudo recordar. La mayoría de personas a quienes había ayudado en Nigeria en realidad se habían acercado a pedir ayuda. "Sin embargo, en mi caso, yo era demasiado autosuficiente para pedir ayuda, pero de todos modos me la ofrecieron —confesó Ib—. Este es un llamado de atención de que cuando alguien nos necesita, no siempre tienen que decírnoslo para que lo sepamos. Solamente debemos ponernos en el lugar de la otra persona".

Desde entonces, Ib ha hecho precisamente eso. Comenzó a buscar oportunidades de bendecir a otros, empezando con una vecina que acababa de dar a luz su segundo hijo. "Sé cómo es esto, pasar toda la noche despierta con ambos niños —comentó Ib—. Así que lavo los platos y vigilo a los niños mientras ella duerme una siesta".

Como agradecimiento, el esposo de la vecina le dio regalos de Navidad a los niños de Ib, evidencia de cómo una bendición impulsa otra y luego otra. Estas eran diferentes personas, criadas en diferentes continentes, con diferentes necesidades y cargas. Pero decidieron verse mutuamente como seres amados de Dios, dignos de respeto y cuidado.

"Podemos alcanzar un momento de comodidad en nuestras vidas cristianas en que perdemos de vista los codazos de Dios —declaró Ib—. Pero quiero depender totalmente de Dios. No más 'sé cómo hacer las cosas', sino más bien 'Señor, muéstrame'".

Muéstrame. Esa es mi esperanza para todas nosotras. Que Dios nos conceda la perspectiva correcta que nos ayude a ver a las personas, las necesidades y las oportunidades del modo en que Él las ve.

Están en todas partes. Y son hermosas.

> ¿No decís vosotros: Aún faltan cuatro meses para que llegue la siega? He aquí os digo: Alzad vuestros ojos y mirad los campos, porque ya están blancos para la siega (Juan 4:35).

50 maneras de bendecir con tu perspectiva

1. ¡Sonríe a las personas!
2. Saluda a los recién llegados en el trabajo, la escuela o en cualquier otro lugar. Míralos a los ojos.
3. Alienta en tus hijos la personalidad y los intereses dados por Dios.
4. Inicia una conversación en la iglesia con alguien que no conozcas bien. Haz preguntas y escucha las respuestas.
5. Ofrece elogios. Comentarios simples como "Esos pantalones te quedan bien" o "Tu cabello se ve muy bonito hoy" pueden mejorar en segundos el estado de ánimo de una persona.
6. Cuando veas una madre luchando en público con niños ingobernables, dile que es una gran madre.
7. Jáctate del hijo de alguien más.
8. Cuenta tu testimonio personal de cómo llegaste a conocer al Señor.
9. Ora por los malos conductores que te bloquean en el tráfico. No tienes idea de lo que está sucediendo en sus autos en ese momento, o la clase de día que estén teniendo.
10. Pídele a tu hijo o hija adolescente que comparta su música favorita o su libro favorito. Haz preguntas al respecto. Resiste la urgencia de criticar.
11. Invita a cenar a la nueva familia en tu vecindario/iglesia/escuela.

12. Interésate por una empleada más joven en el trabajo. Ofrécele llevarla a almorzar y hazle preguntas sobre su educación y sus intereses.
13. Anima a tu hijo a hacerse amigo del "chico solitario".
14. Sigue el consejo de una mujer piadosa.
15. Brinda consejo piadoso cuando alguien te lo pida.
16. Responde las interminables preguntas de tu hijo en lugar de molestarte por ellas. Tú también una vez fuiste una hija preguntona (lee Mateo 19:14.)
17. Abraza a alguien que esté llorando.
18. Agradécele a tu esposo por el trabajo que hace en la casa.
19. Anima a tus compañeras de trabajo con tu actitud positiva. Recuerda que trabajas para el Señor, no para patronos humanos (Colosenses 3:23).
20. Perdona a alguien.
21. Ofrece el beneficio de la duda.
22. Acoge bien una interrupción como parte del plan de Dios para tu día.
23. Ora por tus enemigos. Recuerda que Dios los ama.
24. Aléjate del chisme. O, si es apropiado, defiende a la persona de la que se chismea.
25. Pregúntale a una persona mayor sobre sus recuerdos favoritos. Recuerda que tú también envejecerás un día.
26. Sé amable para servir a las personas. Míralas a los ojos y pregúntales cómo les va. Agradéceles por el trabajo que realizan.
27. Diles a tus hijos cuánto los amas, aunque estén en medio de un berrinche.
28. Organiza una cena multicultural en tu casa o iglesia. Invita a personas de todos los orígenes a contribuir con recetas de sus culturas nativas.
29. Pídele a una familia refugiada que cuente su historia en la reunión de tu grupo pequeño.
30. Anima a la coordinadora del retiro de mujeres o del campamento de verano. Dile cuánto aprecias su duro trabajo.

31. Agradécele a tu suegra por haber criado un gran hijo.
32. Recibe en tu casa a los amigos adolescentes de tu hijo. Conócelos. Sé un lugar seguro.
33. Abstente de responder las ofensas con más ofensas.
34. Cuando estés tentada a señalar los defectos de otra persona, ora para que Dios te ayude a reconocer los tuyos.
35. Si tienes en tu iglesia o vecindario personas que no hablan español, aprende a decir algunas frases en sus lenguas nativas. Salúdalas con un "hola" traducido.
36. Aloja un estudiante extranjero de intercambio.
37. No creas todo lo que lees o ves en los medios de comunicación. Filtra toda noticia a través de las Escrituras.
38. Ama a las personas divorciadas.
39. Ora en privado por hermanos y hermanas en Cristo que estén lidiando con adicción, pornografía, adulterio o maltrato. Si una amiga íntima se ve afectada por esas situaciones, sé su interlocutora y bríndale tu ayuda.
40. Busca una persona no creyente e invítala a tomar un café.
41. Ensaya ver a las personas como almas, no como cuerpos.
42. Da la bienvenida a los extraños que van a tu iglesia. Ofrécete a mostrarles los alrededores.
43. Estrecha las manos de las personas.
44. Si la prédica del pastor te animó o te enseñó algo nuevo, díselo. Agradécele por su preparación, sabiduría y comprensión.
45. No permitas que los grupos de tu iglesia se conviertan en camarillas. Los domingos o en la reunión de tu grupo pequeño siéntate al lado de alguien nuevo, antipático o a quien otros podrían excluir. Demuestra el amor de Cristo a través de amistad auténtica. (Lo mismo se aplica a tu lugar de trabajo, grupo de mamás, asociación de padres y maestros, etc.).
46. Aplaude al equipo opuesto, gane o pierda.
47. Prepara opciones vegetarianas, sin azúcar o gluten para una cena.

48. No avergüences a tu esposo, amigo o hijo por tener una opinión diferente de la tuya. Recuerda que en aspectos de convicciones personales (no bíblicas), ser *diferente* no necesariamente significa estar *equivocado.*
49. Ten delicadeza en tus respuestas comunes a todo y todos.
50. Cuenta tus propias bendiciones.

Reflexión personal

1. Considera otra vez la experiencia del pastor Dennis, quien estaba esperando en una fila. ¿Has tenido alguna vez una experiencia parecida en que fuiste rápida en criticar a alguien debido a su apariencia exterior? ¿Qué motivos había detrás de tu juicio? ¿Orgullo? ¿Miedo? ¿Exigencia de derechos? ¿Otros?

2. Juzgar por las apariencias también puede implicar admirar inmerecidamente a alguien. Lee Santiago 2:1-5. ¿Qué características externas podrían hacer que evalúes a una persona como "buena"? ¿Cómo puede esta forma de juicio externo ser tan peligrosa como condenar?

3. Lee Mateo 5:46-48. ¿Eres amigable solo con tus amigas? De ser así, ¿cómo obstaculiza esto tu testimonio para Cristo?

4. Lee Colosenses 4:5-6. ¿Quiénes son para ti "los de afuera", o "los extraños" (RVA)? Explica cómo cultivar un estilo de vida de bendición puede ayudarte a "redimir el tiempo" aprovechando al máximo cada oportunidad.

5. ¿Qué piensas de la historia de Bernardo y Amanda? ¿Te animó o condenó? ¿Por qué?

6. Jesús declara en Mateo 25:40: "De cierto os digo que en cuanto lo hicisteis a uno de estos mis hermanos más pequeños, a mí

lo hicisteis". ¿Cómo debería esta verdad afectar el modo en que vemos a "los más pequeños"?

7. Considera la historia de Ib. ¿Cuándo fue la última vez que te pusiste en el lugar de alguien más? ¿Cómo podría el desarrollo de ese tipo de perspectiva ayudarte a bendecir más eficazmente a otras personas?

8. Juan 4:35 dice: "Alzad vuestros ojos y mirad los campos". ¿Dónde están tus "campos"? ¿Por qué crees que Jesús quiere que veamos que estas personas están maduras para la cosecha? ¿Qué clase de acción está requiriendo Dios en este pasaje?

Amor en acción

"Abre tus ojos" e identifica una persona o necesidad que podría beneficiarse de tu bendición. Después escoge una o más de las "50 maneras de bendecir con tu perspectiva", y *llévala(s) a cabo.*

— Capítulo 11 —

Cuatro pasos para bendecir a otros
#4 Oración

Mi amiga Raquel es animada, agraciada y sabia. Es graduada de seminario, apasionada por la Palabra de Dios, esposa devota de un marido igualmente devoto, cuidadora de una casa amarilla espaciosa y encantadora, la vivienda de sus sueños. Desde fuera pensarías que lo tiene todo. Y así es. Tiene a Cristo, su todo en todo.

Ella es plenamente consciente de cuánto necesita a Cristo.

Raquel aprendió de la manera más difícil cómo aferrarse a Dios: por medio del sufrimiento. Todo comenzó hace cuatro años, cuando apenas tenía veintinueve.

"Algo no iba del todo bien —explicó—. Estábamos mudándonos a nuestra casa nueva, y mi energía comenzó a fallar. De repente me fatigaba con mucha facilidad por las tareas más sencillas".

Durante las siguientes semanas, las rodillas de Raquel empezaron a hincharse hasta alcanzar el tamaño de melones. A medida que la hinchazón aumentaba, el dolor era más fuerte. "Dolía caminar, dolía pararme, dolía moverme".

Rachel perdió más de doce kilos y quedó confinada a su sofá, sin siquiera suficiente energía para prepararse un bocadillo. El solo hecho de ir cojeando por el piso hasta el baño se convirtió en una tremenda hazaña. Examen tras examen resultaban normales; los médicos no podían encontrar explicación para los síntomas que ella tenía.

"Mi cuerpo se derrumbaba rápidamente delante de mis propios ojos —recuerda Raquel—, y no había nada que yo pudiera hacer al respecto".

Durante varios meses, los días antes activos de Raquel llegaron a quedar controlados por agotamiento severo, memoria deficiente, insomnio, sudores nocturnos e inflamación debilitante. Ella clamaba a Dios: "Señor, ¿ves lo que ocurre? ¿Te importa? ¿Por qué no me has curado? ¿Terminará esto alguna vez?". Y no escuchaba respuestas.

Hasta que un día apareció una tarjeta en su buzón.

Querida Raquel: no me conoces en absoluto, pero he estado orando intensamente por ti. Es más, he escrito tu nombre en un papel pegado al espejo de mi baño. Recuerda, por favor, que tu nombre está grabado en la palma de la mano del Señor .Que Él te cubra con un manto de su amor.

Y luego otra.

Preciosa, has estado en una larga batalla; por favor, ¡aguanta un poco más!

Y otra.

Tu nombre está en nuestras mentes, corazones y labios mientras oramos fervientemente para que recuperes la buena salud. Jesús te ama y te cuida mucho. Que Él te conceda sanidad y paz mental.

Pronto se vio inundada de tarjetas y cartas con direcciones y nombres desconocidos, cada una con matasellos de Ontario, Ohio, la ciudad natal de sus abuelos.

"Mis abuelos habían pedido a los miembros de su iglesia que oraran por mí —comentó Raquel—. Justo cuando yo había perdido las fuerzas para orar, todas esas amables personas, los amigos y miembros de la congregación de mis abuelos, a quienes yo no había conocido, me animaban y levantaban a diario en sus oraciones. El hecho de que Dios pusiera mi nombre en los corazones de tantos extraños se convirtió en un recordatorio tangible de su amor y gracia en medio de una situación difícil. Me dio esperanza de que no estaba sola en esto".

Se propagó la voz hasta que cuatro iglesias en Ohio oraban fervientemente por la salud de Raquel. Estos extraños se volvieron los intercesores de ella. Transmitían la voz de Dios. Le recordaban que Él *veía* y *escuchaba*. Que estaba *con ella* en cada dolor insoportable y preocupación. Finalmente, las oraciones del pueblo de Dios no solo bendijeron a Raquel con ánimo, también la acercaron más al Señor.

> El Señor está cerca de cuantos lo llaman, sí, de todos los que llaman sinceramente. Él cumple los deseos de quienes le temen; escucha su clamor de auxilio y los rescata (Salmos 145:18-19, NBV).

Nuestro último y quizás más importante paso es la oración. Suplicar a Dios por otra persona, pidiéndole que la cure, prepare, provea o proteja, son el tipo de bendiciones que, más que cualquier otra, convocan directamente el poder y las promesas del Señor. En este capítulo y el siguiente examinaremos cómo la oración puede causar una influencia tremenda en personas individuales y en el reino como un todo. Como cristianas, no solo estamos llamadas a orar; es nuestro privilegio hacerlo.

> Acerquémonos, pues, confiadamente al trono de la gracia, para alcanzar misericordia y hallar gracia para el oportuno socorro (Hebreos 4:16).

¿Por qué orar por otros?

A veces creo que mis oraciones se parecen a una lista de compras. "Señor, tráeme por favor muchas bendiciones. Necesito seguridad para nuestro viaje a Chicago y dinero para arreglar ese chirrido en los frenos. Además, oye Jesús, sáname por favor de este molesto resfriado antes del viernes porque tengo un fin de semana realmente atareado, ¿está bien? ¡Muchas gracias!".

Quiero decir, la Biblia nos dice que oremos a menudo y por todo, ¿verdad? Se supone que debemos orar "sin cesar" (1 Tesalonicenses 5:17) y con "ruego" (Filipenses 4:6). Así que yo lo hago. Le pido a Dios que chequee la lista de cosas que llenarán mi alacena y satisfarán mi estómago. Luego remato todo con un pequeño y santo "¡hágase tu voluntad!", porque eso es lo que hacen las cristianas llenas de fe.

¿Pero es eso todo lo que hacemos?

Si tu vida de oración consta principalmente de peticiones por ti, como a veces son las mías, entonces ambas estamos perdiéndonos una tremenda oportunidad de participar en la asombrosa obra de Dios en la tierra.

> Confesaos vuestras ofensas unos a otros, y orad unos por otros, para que seáis sanados. *La oración eficaz del justo puede mucho* (Santiago 5:16).

¡Caray! La Biblia afirma que la oración es poderosa. Es eficaz o, como dice otra traducción, la oración "tiene mucho poder y da resultados maravillosos" (NTV). Bueno, ¡por supuesto que lo tiene! Orar es conversar con Dios, el Creador del universo, el Único que lo sabe todo, lo ve todo y puede hacer cualquier cosa. Orar no es un hábito pasivo o algo a que aferrarse como último recurso. La oración es poderosa. Es acción.

Además, hermana, no te asustes de esa palabra *justo*. Tú y yo quizás no seamos perfectas, pero estamos justificadas en Cristo, lo cual nos hace personas justas a los ojos de Dios. Tienes todo el derecho de invocar en oración el nombre del Señor.

> Gracias a Cristo y a nuestra fe en él, podemos entrar en la presencia de Dios con toda libertad y confianza (Efesios 3:12, NTV).

No me malinterpretes, orar por nosotras es algo bueno. Por supuesto, Dios quiere que tengamos en común con Él nuestros deseos más íntimos. Incluso Jesús, solo horas antes de la crucifixión, oró "diciendo: Padre, si quieres, pasa de mí esta copa" (Lucas 22:42).

Pero orar también puede ser mucho más. Como cristianas queremos ser como Cristo, ¿verdad? ¿No es esa la meta? Entonces debemos profundizar en los Evangelios y descubrir cómo Jesús realmente oró. Él no se limitó a enviar peticiones por sí mismo. Intercedió por los demás. Oró fervientemente por amigos y pecadores. Los llevó al Padre en oración para su beneficio y bendición. Por tanto, como seguidoras de Cristo nosotras también debemos estar en medio de fuego santo para orar por las personas y situaciones más allá de nosotras mismas.

> Estas cosas habló Jesús, y levantando los ojos al cielo, dijo: Padre, la hora ha llegado; glorifica a tu Hijo, para que también tu Hijo te glorifique a ti... Yo ruego por... los que me diste; porque tuyos son... Y ya no estoy en el mundo; mas éstos están en el mundo, y yo voy a ti. Padre santo, a los que me has dado, guárdalos en tu nombre, para que sean uno, así como nosotros... Mas no ruego solamente por éstos, sino también por los que han de creer en mí por la palabra de ellos (Juan 17:1, 9, 11, 20).

Guías de estudio sobre la oración

Confieso que para mí la oración es uno de los aspectos más confusos de la vida cristiana. A lo largo de los años me he hecho muchas preguntas de esta clase: ¿cómo nos escucha Dios a la vez a todos los cristianos? ¿Por qué dice "no" a "buenas" peticiones? Si Dios es soberano, ¿en qué pueden influir mis oraciones? ¿No va Él de todos modos a hacer lo que quiere?

¿Te preguntas esto tú también? He realizado mucha investigación sobre el tema de la oración, y sé que apenas estoy arañando la superficie. Pero creo que puedo ofrecer algunas verdades generales de la Biblia que te ayudarán suficientemente bien en tus inquietudes como para darle una oportunidad a este cuarto paso.

¿Escucha realmente Dios mis oraciones?

Sí. Parece una locura, ¿no es cierto? Nuestro Dios soberano, el creador de todo y todos, en este mismo instante mantiene todo el universo en equilibrio y, sin embargo, tiene el tiempo, la paciencia y el deseo de escuchar a cada uno de sus hijos cuando estos le buscan y claman a Él. ¿Cómo lo sé? La Biblia lo repite muchas veces.

> Los ojos de Jehová están sobre los justos, y atentos sus oídos al clamor de ellos (Salmos 34:15).

¿Por qué debo orar si Dios ya conoce mis necesidades?

¡Ah, la oración no es tanto para Dios como lo es para *ti*! Sí, Él ya sabe lo que necesitas. No tienes que informarle, pero le gusta oír de ti. Él se preocupa por ti. Quiere una relación contigo. Santiago 4:2 manifiesta: "No tenéis lo que deseáis, porque no pedís". Así que, por favor, *pide* ya. Cultivar un estilo de vida de comunicación con Dios no solo te ayudará a fortalecerte espiritual, emocional y relacionalmente, sino que, cuando llevamos nuestras necesidades delante de Dios, Él nos recuerda que tiene el control.

> Dios es nuestro amparo y fortaleza, nuestro pronto auxilio en las tribulaciones (Salmos 46:1).

¿Por qué Dios no me concede siempre lo que le pido?

Escuché a un pastor contar una analogía de un bebé que suplica que le dejen jugar con el secador de pelo… en la bañera. Bueno, ninguna madre en su sano juicio dirá: "¡Por supuesto!" a esa electrificante petición. Lo mismo ocurre con Dios. Él es nuestro Padre perfecto. Nunca nos dará nada que de alguna manera no sea parte de su buen plan para nosotras. Por tanto, a veces podríamos pedir algo que en nuestro entendimiento limitado tenemos la seguridad de que es bueno, pero Dios sabe que no lo es, o al menos no por el momento. Como Garth Brooks afirma, algunos de los regalos más fabulosos de Dios son oraciones no contestadas. Amén a eso.

¿Cambia la oración la opinión de Dios?

No. Dios tiene ideas claras, impecables, omniscientes y puras, y sin duda Él no nos necesita para que influyamos en su sabiduría o sus convicciones. Tampoco es reacio a respondernos, como si una pequeña persuasión humana fuera determinante. Dios es inmutable (Malaquías 3:6; Santiago 1:17; Hebreos 13:8; 1 Samuel 15:29). Por tanto, la oración no cambia la opinión de Dios; simplemente reivindica su voluntad. Según vimos en Santiago 4:2, Dios ya sabe lo que está dispuesto (¡incluso ansioso!) a darnos o hacer por los suyos, pero en ocasiones nuestra decisión de pedir algo, como una demostración de nuestra fe, es lo que hace que Él actúe.

¿Cómo puedo saber cuál es la voluntad de Dios?

La voluntad de Dios es un poco misteriosa. Podemos distinguir lo bueno de lo malo; la Biblia está llena de pautas sobre lo que es aceptable para Dios y lo que no lo es. Pero hasta dentro de esos parámetros hay muchos detalles en el plan de Dios para nuestras vidas que tal vez no podamos comprender. Romanos 11:34 declara: "¿Quién entendió la mente del Señor? ¿O quién fue su consejero?". Básicamente somos como pequeños cerebros de hormiga en comparación con la sabiduría y majestad de Dios.

Sin embargo, Salmos 37:4 expresa: "Deléitate asimismo en Jehová, y él te concederá las peticiones de tu corazón". Esto sugiere que mientras más nos deleitamos en Dios (mientras más lo conocemos, más lo amamos y más permanecemos en relación íntima con Él), más probablemente nuestros deseos estarán alineados con los suyos para nosotras. Esa es una promesa muy buena.

Una de las mejores explicaciones que he oído sobre la inquietud de orar por la voluntad de Dios vino del doctor Adrián Rogers:

> La oración que llega al cielo es la que empieza en el cielo. Simplemente cerramos el circuito. La voluntad de Dios es lo que desearías si supieras todo desde el punto de vista de Dios. La clave es permanecer en Cristo. Si permaneces en Él (Juan 15:7), descubrirás que Dios guiará y dirigirá tus oraciones, y estarás orando en la voluntad divina. No esperes hasta tener todas las respuestas antes de orar. No tienes que comprender la electricidad para encender las luces.[1]

¿Hay una manera "correcta" de orar?

Orar es simplemente conversar con Dios. La oración debe ser auténtica y salida del corazón; más allá de eso, hay mucha flexibilidad. No obstante, Jesús nos dio un modelo útil en los Evangelios. Tú y yo lo conocemos como el Padrenuestro.

> Vosotros, pues, oraréis así: Padre nuestro que estás en los cielos, santificado sea tu nombre. Venga tu reino. Hágase tu voluntad, como en el cielo, así también en la tierra. El pan nuestro de cada día, dánoslo hoy. Y perdónanos nuestras deudas, como también nosotros perdonamos a nuestros deudores. Y no nos metas en tentación, mas líbranos del mal (Mateo 6:9-13).

Comprende que esta oración nunca fue hecha para ser declarada en forma monótona. Jesús nos advierte que no usemos "vanas repeticiones" cuando oremos (Mateo 6:7). Más bien, el Padrenuestro es

---

1. Adrian Rogers, "The Privilege of Prayer", Christianity.com, consultado el 8 de abril de 2017, http://www.christianity.com/christian-life/prayer/the-privilege-of-prayer-11549313.html.

un patrón para expresar nuestras propias palabras y preocupaciones. De este pasaje podemos deducir algunas pautas:

- Empieza alabando o agradeciendo a Dios
- Ora para que se haga su voluntad
- Pide lo que necesites
- Pide perdón, y perdona cualquier resentimiento que estés albergando
- Ora para que Dios proteja tu corazón

Por último, Juan 14:13 dice: "Todo lo que pidiereis al Padre en mi nombre, lo haré, para que el Padre sea glorificado en el Hijo". Cuando invocamos a Jesús, el nombre sobre todo nombre (Filipenses 2:9), honramos a Dios y suplicamos el poder de la Santísima Trinidad. ¡Hay tal potencia en nuestras oraciones! Así que ofrécelas "en el nombre de Jesús", amén.

Qué hacer y qué no hacer para bendecir con oración

Ya que la oración es una conversación personal entre tú y Dios, no hay nada correcto o incorrecto. Pero si quieres bendecir a las personas con tus oraciones, puedo ofrecerte algunas sugerencias.

Ora en el momento.

¿Has oído alguna vez decir a alguien: "Oraré por ti" y luego, al momento en que se da la vuelta, *sabes* que no va a decirle al Señor ni una sola palabra acerca de ti? ¡Qué gran hipocresía! Sin embargo, ¿no somos todos propensos a hacer lo mismo? Me rodean tantas amistades y hay tantas necesidades de oración todos los días que puede ser difícil recordarlo todo.

¿Por qué entonces no actuar en el instante? A veces, la mayor bendición que podemos dar a otra persona es detenernos y orar *en el momento.* Pon tus manos en el hombro de una amiga y ora por ella. Detente en medio de tu conversación telefónica para apelar juntas al Señor. Ora por la necesidad que acabas de leer en un correo electrónico, *antes* de borrarlo de tu teléfono. Después, en lugar de prometer: "Oraré por ti", diles a tus hermanas y hermanos en Cristo: "*Oré* por ti". Y dilo en serio.

Ora las Escrituras.

La Palabra de Dios es "viva y eficaz" (Hebreos 4:12). Nos ayuda a guiarnos y capacitarnos. Nos anima. Por eso, incluye Escrituras en tus oraciones por otros. Por ejemplo: "Señor, ayuda a mis hijos a ser 'esforzados y valientes', y ve por favor con ellos a dondequiera que vayan" (de Josué 1:9). Cuando en nuestras oraciones solemos devolverle a Dios sus propias palabras, no solo estamos orando de acuerdo con su voluntad, sino que también reclamamos las promesas divinas.

> Como desciende de los cielos la lluvia y la nieve, y no vuelve allá, sino que riega la tierra, y la hace germinar y producir, y da semilla al que siembra, y pan al que come, así será mi palabra que sale de mi boca; no volverá a mí vacía, sino que hará lo que yo quiero, y será prosperada en aquello para que la envié (Isaías 55:10-11).

Ora por todo y por todos.

Algunas personas necesitan sanidad. Otras necesitan encontrar las llaves de sus autos. Aunque no lo creas, Dios se interesa por ambos asuntos. Un comentario bíblico afirma: "Son las pequeñas preocupaciones de la vida las que desgastan el corazón".[2] Así que no trates de sopesar si una necesidad es "digna" o no de la atención de Dios. Llévale todo a Él, grande y pequeño.

> No se aflijan por nada, sino preséntenselo *todo* a Dios en oración; pídanle, y denle gracias también (Filipenses 4:6, DHH).

---

2. "Pray About Little Things", Bible Hub, consultado el 8 de abril de 2017, http://biblehub.com/sermons/pub/prayaboutlittlethings.htm.

No regañes ni avergüences a otros con tus oraciones.

Hablando de orar por todo, recuerdo una mañana que me hallaba con un grupo de músicos, orando mientras nos preparábamos a dirigir la adoración en un gran evento de la iglesia. Yo estaba sufriendo un problema menor de salud y pedí oración para no distraerme en servir bien. Algunos amigos amables llevaron esta y otras peticiones al Señor, pero entonces uno de mis compañeros músicos interrumpió con esta oración: "Señor, ayúdanos a no orar por cosas insignificantes como problemas de salud. Ayúdanos a ver que eres más grande que eso".

Eh… ¿qué?

¿Fue eso una crítica feroz?

Creo que lo fue.

Tal vez él solo estaba tratando de inspirarnos a un plano más alto de fe. Pero en ese momento lo que escuché fue: *Señor, dile a Becky que se olvide de sí misma.*

Por favor, no utilices la oración para regañar o avergonzar a otras personas, especialmente en un ambiente de grupo. Entiende que todos estamos en un viaje personal con el Señor, y que Él puede estar redarguyéndonos de cada una de las diferentes lecciones en momentos distintos. Por eso, usa tus oraciones no para despotricar sino más bien para animarnos y edificarnos unos a otros (1 Tesalonicenses 5:11).

No uses la oración como una forma de chisme.

Sí, podrías saber que tu amiga está engañando a su esposo o que tu sobrino acude a rehabilitación. Pero si esta información te la comunicaron en confianza, trátala por favor con mucho cuidado. Cuando un ser amado está lidiando con un problema privado, necesita el apoyo y la responsabilidad de las personas en quien confía. Deja que él determine quiénes son esas personas. Pedir a partes no relacionadas que oren por los vergonzosos padecimientos de alguien más no *bendice* a nadie; solamente expone a la persona a más dolor.

Ninguna palabra corrompida salga de vuestra boca, sino la que sea buena para la necesaria edificación, a fin de dar gracia a los oyentes (Efesios 4:29).

Lo que la oración puede hacer

¿Recuerdas todas esas tarjetas que Raquel recibió en su buzón? Me gustaría decirte cómo le resultaron las cosas. En tan solo un par de semanas recolectó más de ochenta saludos, cartas, poemas, himnos y pasajes bíblicos, todos enviados por varios guerreros de oración en Ohio. Ella leyó cada palabra, atesoró cada firma e historia, y guardó cada nota. Varios meses después, tras innumerables médicos y exámenes, Dios contestó las oraciones. A Raquel le diagnosticaron una condición autoinmune y recibió tratamiento. A las veinticuatro horas de la primera dosis empezaron a disminuir el dolor y la hinchazón. Dios ha restaurado la calidad de vida a mi buena amiga.

Raquel me recordó una historia en Éxodo 17, en que los israelitas están luchando contra un ejército enemigo. Moisés mantiene en alto con sus manos una vara y, mientras permanece así, el ejército israelita prevalece. Pero él se cansa. Se esfuerza por mantener las manos en el aire. Entonces Aarón y Hur se acercan a Moisés, se colocan a sus costados y le sostienen los brazos en alto hasta ganar la batalla. "*Eso* es lo que estas personas hicieron por mí —explicó Raquel—. Ese es el poder de la oración. Con sus oraciones, estas personas me mantuvieron en alto en tal manera que afectaron mi fe y me dieron la capacidad de soportar".

¿Quieres bendecir a alguien? Ora por esa persona. Dios hará el resto.

Te ruego que ores por todos los seres humanos. Pídele a Dios que los ayude; intercede en su favor, y da gracias por ellos (1 Timoteo 2:1, NTV).

Reflexión personal

1. ¿Te has preguntado alguna vez si Dios escucha o no las oraciones? Consulta los siguientes pasajes bíblicos: Jeremías 29:12; 1 Juan 5:14-15; Mateo 21:22; Salmos 145:18; Apocalipsis 3:20. ¿Qué dicen acerca de la atención que Dios presta a tus oraciones?

2. Estudia Salmos 66:17-20; 1 Pedro 3:12; Isaías 1:15; y Proverbios 28:9. ¿Cómo obstaculiza el pecado tu comunicación con Dios? Sí, todas somos pecadoras, pero hay una diferencia entre crecer en tu fe por medio de los tropiezos (Filipenses 2:12) y elegir deliberadamente aferrarte al pecado. Lo uno desea las cosas de Dios, lo otro no. ¿Cuál es tu posición?

3. ¿Cuál es el papel de la confesión en restaurar nuestra comunicación con Dios? Analiza 1 Juan 1:9. Piensa en cómo esto apoya la idea de que debemos pedir perdón como parte regular de nuestra vida de oración. (Examina nuestro estudio del Padrenuestro en este capítulo).

4. ¿Oras regularmente por otros? ¿Por qué sí o no?

5. ¿Has oído alguna vez a alguien decir: "Bueno, supongo que lo único que podemos hacer ahora es orar"? ¿Ves la oración como un último recurso o como un primer paso? ¿Por qué?

6. A veces, Dios dice "no" a nuestras oraciones porque pedimos algo incorrecto. Lee Números 11:11-15; Mateo 20:20-22; y Santiago 4:3. ¿Qué te dicen estos versículos sobre la sabiduría de Dios en responder nuestras oraciones?

7. ¿Has recibido alguna vez la bendición de las oraciones de alguien a tu favor? ¿Cuál fue el resultado? ¿Cómo te animó esto?

8. ¿Crees que Dios puede contestar tus oraciones? Lee Lucas 1:37 y Efesios 3:20. ¿Qué dice la Biblia que Dios puede hacer?

Amor en acción

Efesios 6:18 declara: "Orando en todo tiempo con toda oración y súplica en el Espíritu, y velando en ello con toda perseverancia y súplica por todos los santos". Crea esta semana un diario de oración. Escribe los nombres de las personas y las necesidades por las que deseas orar, luego elige algunas cada día para llevarlas ante el Señor.

— Capítulo 12 —

Una iglesia en cada esquina

Me recetaron mis primeras gafas cuando tenía 10 años. A los 14 años empecé a usar lentes de contacto… esos lentes rígidos también conocidos como dispositivos ópticos de tortura. Me los ponía antes de ir a la escuela cada mañana y sufría hasta la hora de la cena debido a que esas piezas de plástico me molestaban en los párpados. Pero oye, estaba libre de gafas, lo cual para una adolescente de por sí difícil era una libertad por la que valía la pena luchar. Desde entonces he batallado con toda clase de lentes de contacto disponibles para los estadounidenses, pero nunca encontré unos que no los sintiera como papel de lija en mis ojos.

Finalmente, hace unos meses hice algo drástico. Me sometí a cirugía ocular mediante láser.

Durante las semanas previas a la operación me hallaba tan emocionada por la promesa de una vista perfecta que no me había detenido a pensar en el procedimiento en sí. Hasta la mañana de mi cita, cuando me di cuenta de que un artefacto láser de ciencia ficción estaba a punto de intervenir en mis globos oculares (mi *único* par de globos oculares), de repente el estómago se me convirtió en un nudo de ansiedad.

Fue entonces que recibí este mensaje de texto de una amiga: "¡Hoy estoy orando por ti y tus ojos!".

No puedo explicar cómo esas palabras me conmovieron el corazón.

¿Por qué? Bueno, porque en primer lugar yo estaba asustada, pero también porque, sinceramente, olvidé incluso que le había mencionado a esta amiga que me iban a operar. Pero ella lo recordó, y se había preocupado lo suficiente por mí como para marcar la fecha, llevarme a Dios en oración, y decirme que estaba haciéndolo. Ese acto pequeño pero importante de bondad —esa bendición— me otorgó el valor que yo necesitaba para poner mi trasero en el auto y dirigirme al consultorio del cirujano.

¿Sabes que tus oraciones importan? De verdad que sí. No porque tú o yo tengamos poder para hacer absolutamente nada, sino porque Dios sí lo tiene. Y cuando sus hijas le claman con fe pueden ocurrir cosas maravillosas.

> Os digo que todo lo que pidiereis orando, creed que lo recibiréis, y os vendrá (Marcos 11:24).

A continuación te cuento cuatro experiencias de cómo la oración influyó en las vidas de personas comunes como tú y yo. Espero sinceramente que te inspiren a creer en el enorme poder de la oración, a descubrir sus variados beneficios y a orar de nuevo con firme convicción sobre lo que nuestro Dios puede hacer.

¡Muévete!

A. J. y su esposa Rafaela eran como la mayoría de futuros padres, emocionados y nerviosos por el proceso del parto, pero anhelantes por conocer a sus bebés: mellizos, un niño y una niña. Confiaron en Dios a través de cada etapa del embarazo de Rafaela, y creyeron que Él estaría con ellos en el parto como había estado desde el principio. Dios es fiel. Lo sabían muy bien.

No obstante, lo que estaban a punto de presenciar demostraría más allá de toda duda la enormidad del poder de Dios en sus vidas, y cambiaría indudablemente la forma en que oraban.

"Nuestro hijo Belisario nació primero, y todo salió bien —comentó el padre—. Pero entonces un ultrasonido de nuestra hija Priscila mostró que algo estaba obstaculizando el parto, y me pidieron que saliera de la sala".

A. J. caminó por el pasillo y oró fervientemente con la madre y la hermana de su esposa. Escucharon por los altavoces "Código femenino". Personal del hospital pasó rápidamente con carritos de equipo, y A. J. comprendió que la vida de Priscila se hallaba en peligro.

"Simplemente seguí orando. Eso era lo único que sabía hacer", dijo A. J. Mientras esperaba, recibió una serie de actualizaciones del médico de Rafaela. Priscila había padecido varios minutos en el útero privada de oxígeno y suministro de sangre, y había perdido todos los fluidos en su cuerpo. Una enfermera realizó reanimación cardiopulmonar durante veinte minutos hasta que finalmente el médico le dijo que renunciara y anunció el tiempo de la muerte. Pero la enfermera se negó a obedecer. A. J. fue invitado entonces a ver a su hija, y le dijeron que debería tomar algunas decisiones difíciles en los momentos siguientes.

Cuando regresó a la sala de partos vio a su hija acostada en la cama de hospital, gris y sin vida. Las enfermeras seguían respirando por ella. Entonces, en lo que describió más tarde como el momento más carismático de su vida, A. J. puso la mano en el cuerpecito de kilo y medio de Priscila y oró: "En el nombre de Jesús, *¡muévete!*".

Y ella lo hizo.

"Como si un rayo le golpeara el cuerpo, despertó sobresaltada —declaró él—. Me miró. Se esforzó por respirar. Y vivió".

Algunos médicos lo llamaron una anomalía médica. Pero A. J. y su esposa fueron más sensatos. Para ellos, la vida de Priscila es nada menos que un milagro fidedigno. Incluso después que el Señor le devolviera la vida, los médicos esperaban que Priscila padeciera de daño cerebral y disfunción cognitiva. Pero no fue así.

A. J. continuó: "Recibimos todo aquello por lo cual oramos. Desde no tener convulsiones en esos primeros días hasta un buen informe de la imagen de resonancia magnética, que la niña comiera sola, que respirara por su cuenta, que digiriera la comida, que saliera del hospital a casa, que gateara, se parara, caminara, desarrollara buenas habilidades motoras, hablara, jugara, riera, etc.".

Hoy los mellizos son niños sanos y activos, los mejores amigos, y un recordatorio vivo de la poderosa capacidad de Dios de responder a nuestras oraciones. A. J. afirma: "Priscila es una niña fuerte, muy fuerte. La fortaleza que vimos en ella en esos primeros días toma nuevas formas con cada nueva fase. Priscila te hace saber exactamente lo que quiere y no se conforma con nada menos. Ella es increíblemente enérgica, pero también muy amable".

Para la gloria de Dios, los familiares y amigos de A. J. pueden afirmar que lo que estos padres experimentaron en esos primeros días en la vida de Priscila ha demostrado ser cierto: ella fue curada.

A. J. manifestó: "Hubo un hombre curado de ceguera en Juan 9 que dijo: 'Si [Jesús] es pecador, no lo sé; una cosa sé, que habiendo yo sido ciego, ahora veo'. Esa experiencia de orar y ver que Priscila volvía, me cambió. Tomó todas las nociones preconcebidas que yo tenía acerca de Dios y de mí mismo, y las tiró a un lado. No sé muchas cosas. No sé por qué Dios no siempre hace esto por las familias. Y especialmente por los niños. No sé por qué esta vez sí lo hizo, y por qué a nosotros. No sé cómo esos veinte o treinta minutos parecieron en el mundo espiritual. Pero lo que sí sé es esto: cuando puse la mano sobre esa niñita, y pronuncié el nombre de Jesús sobre ella, se movió. Ahora todo es diferente. Lo que experimentamos, y lo que muchos de nuestros amigos y familiares experimentaron junto a nosotros, es tan cierto hoy día como lo fue entonces. Jesús salvó. Jesús resucitó muertos. Ojalá abramos nuestros ojos para verlo, nuestros oídos para oírlo y nuestros corazones para recibirlo".

> Pido también que Dios les dé la luz necesaria para que sepan cuál es la esperanza a la cual los ha llamado, cuáles son las riquezas

> de la gloria de su herencia en los santos, y cuál la supereminente grandeza de su poder para con nosotros, los que creemos, según la acción de su fuerza poderosa, la cual operó en Cristo, y lo resucitó de entre los muertos y lo sentó a su derecha en los lugares celestiales (Efesios 1:18-20, RVC).

Perseverar en oración

¿Qué en cuanto a las situaciones en que Dios no responde "sí"? ¿Y de los millones de oraciones a las que Él dice "no" o "espera"? ¿Qué diferencia determina entonces la oración?

Mi amiga Bethany podría decirte que determina toda la diferencia del mundo.

Durante los últimos cinco años, Bethany, su esposo Jeff y sus cuatro hijos han estado esperando para adoptar un par de hermanas de Haití. Ella explicó: "Al principio creí que el propósito de nuestra adopción era hacer crecer nuestra familia y estar abiertos al llamado de Dios en nuestras vidas. Pero he llegado a comprender que más bien es aprender a orar y descubrir lo grandiosa que es la oración".

La adopción internacional, como muchos saben, es un proceso lento e incierto. La familia de Bethany ha enfrentado obstáculo tras obstáculo, ya que han rebuscado en montones de papeles, han soportado numerosos reveses legales, y han lidiado una batalla espiritual por los corazones de dos niñas pequeñas a quienes anhelan llamar suyas.

Estas pruebas pudieron haber aplastado a Bethany. Pero, por el contrario, reforzaron su esperanza, todo gracias al poder de la oración.

"Dios me ha hecho crecer mucho debido a la oración no respondida —expresó ella—. Siento que Él ha cambiado por completo mi vida de oración. Ha habido muchas ocasiones en esta situación en que quise hacer algo para que la adopción se llevara a cabo: pasar a la siguiente etapa del proceso o abrir una puerta que estaba cerrada. Pero yo sabía que no funciona así. Debo confiar en que Dios hará que esto ocurra".

Bethany ha aprendido a entregar continuamente sus preocupaciones al Señor: ruegos, ansiedades, interrogantes y lágrimas. "Siento que esta capacidad de hablarle a Dios es un regalo que Él nos da. Y a largo plazo ese regalo, en realidad, es más valioso que la respuesta que hemos estado esperando".

> Confía en el Señor de todo corazón, y no te apoyes en tu propia prudencia. Reconócelo en todos tus caminos, y él enderezará tus sendas (Proverbios 3:5-6, RVC).

Orar por la adopción ha alimentado un fuego en el corazón de Bethany por el pueblo haitiano y por todas las adopciones en todo lugar. "Cuando oras por algo, te preocupas mucho más al respecto —declaró ella—. Dios te abre a eso, y luego te motiva a comunicárselo a otras personas, quienes también empiezan a orar y preocuparse". La familia de Bethany está rodeada por un círculo cada vez mayor de amigos que oran de modo regular no solo por las niñas haitianas, sino también por todos los huérfanos y por el pueblo de Haití como un todo.

"Ahora veo que, en la mente de Dios, el proceso de adopción siempre era mucho más grande que mi deseo egoísta al principio de tener más hijos. Él ha utilizado esta situación para hacernos crecer no solo a mí y a mi familia, sino también a muchos de mis amigos, por medio de la oración".

Ahora, cuando suelen decirle: "Estoy orando por ti", Bethany se siente profundamente animada. "Eso me recuerda que no estoy sola —declara—. Las oraciones que hacen por mí me bendicen, *y* bendicen a esas dos niñas pequeñas en Haití que no disfrutan de la vida que nosotros disfrutamos. Nuestras hijas podrían llegar a conocer a Jesús debido a estas oraciones. Siento que están afectando las vidas de las niñas en maneras que ni siquiera ellas saben. ¡No podemos saber lo que Dios está haciendo tras bastidores!".

Mientras tanto, Bethany descansa en esperanza permanente de que el Señor cumplirá. "Creo que nuestra adopción ocurrirá, lo creo de veras. Y, cuando ocurra, comprenderemos que la oración no es algo que haces solo una vez. Continúa, continúa y continúa".

> ¡Yo estoy seguro, Señor, que he de ver tu bondad en esta tierra de los vivientes! ¡Espera en el Señor! ¡Infunde a tu corazón ánimo y aliento! ¡Sí, espera en el Señor! (Salmos 27:13-14, RVC).

Cuando no tienes nada más que dar

Lo bueno de la oración es que puede hacerse en cualquier lugar, en cualquier momento, por medio de cualquier persona que tenga el corazón en sintonía con Cristo Jesús. Algunas de las más grandes guerreras de oración que he conocido son mujeres mayores, jubiladas del trabajo, lejos ya de las temporadas de cuidar a sus propios hijos o a padres ancianos. Más a menudo son madres ancianas y en sus años más sabios quienes siguen siendo siervas activas de Cristo, que oran de modo frecuente y vehemente por los demás. Adoro a estas mujeres. Quiero ser como ellas.

Entonces, ¿por qué esperar? Incluso antes que lleguemos a una etapa más madura en la vida, antes que creamos que tenemos el tiempo o el espacio mental de sobra, podemos desarrollar un hábito de oración. Empieza hoy mismo. Ora por tu esposo, tus hijos, tus amigas, tus compañeros de trabajo. Ora mientras lavas los platos o conduces hacia el trabajo. Ora en la ducha, mientras esperas en la fila para el café, y en lugar de cambiar canales por televisión mala antes de dormir. Y mañana, hazlo de nuevo. Haz de tu oración por otros una parte de tu estilo de vivir. Un día, si llegas a una etapa de la vida en que lo único que te quede por hacer sea orar, no te derrumbarás, porque ya sabrás que orar es la obra más poderosa que una mujer puede hacer.

Algunas aprendemos eso más temprano que otras.

Débora ciertamente lo hizo.

De poco más de veinte años, al igual que muchas jóvenes, sin siquiera darse cuenta, Débora se definía por lo que hacía, por sus metas, por su ministerio y por sus amistades. Era activa en su trabajo y sus círculos sociales. Se empeñaba en ser alguien con quien otros pudieran contar para conseguir que el trabajo se hiciera.

Pero entonces se enfermó. Enfermó mucho, durante varios años. Pasó una temporada de su vida en una silla de ruedas y sin poder levantarse de la cama. Su vigor juvenil dio paso a inmovilidad y desesperación. "Me sentía muy inútil —confesó—. Había perdido mi identidad".

Hasta que un día, la madre de Débora le habló la verdad en amor. Le manifestó: "Cariño, lo más poderoso que alguna vez puedes hacer para ser útil o ayudar a alguien es orar. Y puedes hacerlo desde tu cama".

Así que lo hizo.

"Encontré mi propósito —confesó Débora—. Orar, cuando no tenía nada más que dar, cambió mi perspectiva. Lentamente, durante esos años difíciles, aprendí a definirme por mis valores, mis creencias y mi posición con Dios, y no por cosas que puedo perder".

> El mundo y sus deseos pasan; pero el que hace la voluntad de Dios permanece para siempre (1 Juan 2:17, RVC).

¿Puedo dar un testimonio?

¿Recuerdas a mi amiga Alicia del capítulo 7? Cuando te la presenté, ella estaba comprando un café moca para un desamparado. Me encanta la sensibilidad de mi amiga para con el Señor y su auténtica compasión por gente de todas las formas y tamaños. Me inspira a ser mejor mujer.

Alicia vive "al otro lado del lago" de mi caserío en Wisconsin, en una ciudad conservadora de Michigan con vecindarios amigables, escuelas cristianas, más de una docena de cafeterías y una iglesia en cada esquina. Las apariencias dirían que la comunidad es floreciente; por tanto, quienes *no son prósperos* contrastan por completo. Como una mujer a quien Alicia conoció en una intersección cerca del estacionamiento de una tienda.

Alicia explicó: "Ella se hallaba parada sobre la sucia nieve exhibiendo un cartel que decía 'Ayuda, necesito trabajar'". Yo solamente tenía dos dólares en mi billetera, ni siquiera lo suficiente para comprarle su almuerzo, así que giré la cabeza y seguí conduciendo".

Mientras seguía camino a casa, Alicia justificaba sus acciones: "Yo solo había vivido en nuestro pequeño pueblo durante tres semanas, por lo que aún no tenía ni una amiga, mucho menos una conexión personal para ayudar a la pobre mujer a encontrar trabajo. Simplemente quería seguir conduciendo de regreso a mi segura y cómoda casa, pero mi estómago reflejaba el malestar que sentía. Finalmente, di vuelta a mi auto y regresé a la esquina donde se hallaba la mujer".

Alicia estacionó su vehículo cerca, caminó con dificultad en medio del sucio banco de nieve y le dio a la mujer sus míseros dos dólares. Luego le dijo: "No tengo mucho dinero, y no sé cómo ayudarte, pero Jesús lo sabe. Por tanto, ¿puedo orar contigo?".

La mujer asintió *afirmativamente*, y juntas inclinaron la cabeza y oraron allí mismo en la ajetreada esquina de la calle. Cuando Alicia abrió los ojos, vio que la pordiosera lloraba.

Algunos minutos después, cuando Alicia regresaba a su auto, una joven mujer se le acercó corriendo. Había presenciado todo el incidente desde una vidriera cercana y, con lágrimas bajándole por las mejillas, declaró: "He vivido aquí toda mi vida, y nunca había visto que alguien hiciera algo como eso antes".

¿Cómo puede ser esto cierto? En un pueblo con una iglesia en cada esquina, una comunidad floreciente donde los valores familiares se tienen en alta estima y donde los vecinos se ayudan gustosamente entre sí, ¡donde el cristianismo se usa como una insignia! ¿No está alguien dispuesto a orar con una forastera?

Comprende que no estoy hablando de orar "como los hipócritas; porque ellos aman el orar en pie en las sinagogas y en las esquinas de las calles, para ser vistos de los hombres; de cierto os digo que ya tienen su recompensa" (Mateo 6:5). Alicia no oró para montar un espectáculo. Por el contrario, dudó. Al principio siguió su camino. En su mente, orar con una pordiosera estaba lejos de ser algo pomposo; esto era incómodo y sensible. Pero, de todos modos, lo hizo.

A eso es a lo que me refiero. Orar para parecer buenas no es nuestro mayor problema en la comunidad cristiana moderna. El verdadero problema es que no oramos lo suficiente con otros o a la vista de otros porque tenemos miedo de lo que pueden pensar de nosotras. Es decir, no queremos vernos como unas chifladas, ¿verdad? Seguimos a Cristo, pero solo si podemos seguir mezclándonos con la gente que no lo sigue. Y, al proceder así, le negaremos al mundo nuestro testimonio del único Dios verdadero.

Nada bueno, hermana. Nada bueno.

> No vivan ya como vive todo el mundo. Al contrario, cambien de manera de ser y de pensar. Así podrán saber qué es lo que Dios quiere, es decir, todo lo que es bueno, agradable y perfecto (Romanos 12:2, TLA).

Por amor de Dios, ¡brilla!

Como seguidoras de Cristo, tú y yo estamos llamadas a ser "la luz del mundo; una ciudad asentada sobre un monte no se puede esconder" (Mateo 5:14). ¿Sabes lo que sucede cuando una luz entra a un lugar oscuro? Ilumina todo. Estos días seguimos escuchando en los medios de comunicación y analizando alrededor de la mesa que nuestro mundo está cada vez peor y que hay más maldad, más sufrimiento y más injusticia que antes. Si eso es cierto, entonces, no necesariamente debemos brillar más... solo tenemos que brillar.

> Si dieres tu pan al hambriento, y saciares al alma afligida, en las tinieblas nacerá tu luz, y tu oscuridad será como el mediodía (Isaías 58:10).

Te reto a que nos pongamos de pie sin ninguna vergüenza y proclamemos audazmente nuestra fe al mundo que nos rodea por medio de bendiciones. ¿Por qué no orar con personas extrañas en lugares públicos en el momento que el Espíritu Santo nos mueva a hacerlo? Pensemos que nuestras oraciones, nuestra presencia, nuestras posesiones, nuestra perspectiva (todos los cuatro pasos para bendecir) son como estrellas. Una estrella solitaria tiene el poder de atravesar el cielo nocturno. Imagina entonces miles de millones de estrellas a la vez. Todas juntas derramando bendiciones desde cada esquina en todo momento, elevando nuestras intercesiones, demostrando amor por medio de acciones, entrenando nuestros corazones y nuestras mentes para *pensar como Dios piensa*. En conjunto, estas bendiciones, esta resplandeciente red de constelaciones, puede transformar la noche, convirtiendo la oscuridad en luz. ¡Oh, qué maravilloso mundo sería este! ¿Amén?

> Los entendidos resplandecerán como el resplandor del firmamento; y los que enseñan la justicia a la multitud, como las estrellas a perpetua eternidad (Daniel 12:3).

50 maneras de bendecir con tus oraciones

1. Sé una guerrera confiable de oración. Cuando una persona te pida que ores por ella, hazlo. Sé alguien en quien se pueda confiar que cumple lo que promete.
2. Ora con las palabras que te vengan a la mente; no esperes a que te fluyan palabras elocuentes antes que decidas bendecir a alguien con tus oraciones.
3. Pregunta con regularidad a tu esposo y tus hijos cómo puedes orar por ellos.
4. Asigna un símbolo que represente a cada persona en tu vida (por ejemplo, galletas con trozos de chocolate a tu hijo que le encantan las galletas, el color morado a tu hija, una moto-

cicleta a tu esposo que sueña con que un día poseerá una Harley). Luego, cada vez que veas ese símbolo, ora por la persona con la que se asocia.

5. Ora por el liderazgo de tu esposo como cabeza del hogar, y para que el Señor te ayude a apoyarlo.
6. Ora para que tus hijos crezcan "en sabiduría y en estatura, y en gracia para con Dios y los hombres" (Lucas 2:52).
7. Ora por las personas antes de enviarles mensajes de texto. ¡Imagina cuántas oraciones podría generar esto en un día!
8. Cada vez que frenes en un semáforo, ora por alguien.
9. Ora por los futuros cónyuges de tus hijos… y por sus padres.
10. Si tienes nietos, ora específicamente por uno de ellos cada semana. Envíales un correo electrónico o un mensaje de texto en que les preguntes cómo les va en sus vidas y por qué les gustaría que oraras.
11. Si sabes que van a operar a alguien, ora para que el Señor dirija las manos del cirujano.
12. Ora para que los presos en las cárceles conozcan al Señor y para que sus seres amados reciban consolación.
13. Guarda las tarjetas navideñas que recibes de amigos y parientes, y escoge una tarjeta/familia para orar cada día durante las oraciones a la hora de comer.
14. Ora por quien te atiende cuando bendices los alimentos que te sirven en un restaurante.
15. Ora con y por tus hijos en el recorrido hacia la escuela.
16. Ora por los maestros de tu hijo, porque Dios les conceda sabiduría, bondad, paciencia y compasión.
17. Ora para que Dios proteja y fortalezca a la familia de tu pastor.
18. Pregunta a una amiga cómo puedes orar por ella.
19. Ora para que los incrédulos se salven.
20. Forma un grupo de oración con otras madres de la escuela de tu hijo o del vecindario. Oren por los hijos de cada una.
21. Organiza un grupo de oración en el trabajo. Envía semanalmente por correo electrónico las peticiones de oración.

22. Ora por las mujeres en tu clase de ejercicios.
23. Ora por tus amistades en sus cumpleaños. ¡Agradece a Dios por pensar en estas personas!
24. Ora versículos bíblicos sobre tus hijos a la hora de dormir.
25. Pon avisos en tu agenda que te recuerden acontecimientos que les importen a tus amigos, tales como grandes presentaciones en el trabajo, una cita intimidante con el médico, o el aniversario de la muerte de un ser querido. Ora por ellos durante esos tiempos sensibles.
26. Escribe tus oraciones por las personas y envíalas por correo o por mensaje de texto.
27. Al doblar ropa y lavar tacitas, ora por quienes las usan.
28. Ora por tus bebés mientras los meces.
29. Cuando tengas invitados en casa para cenar, ora por ellos cuando des las gracias.
30. Ora por quienes te visitan justo antes de que salgan de tu casa, por un regreso seguro y bendiciones.
31. Si asocias algunas canciones con ciertas personas, ora por ellas cada vez que las tonadas se oigan por la radio.
32. Cuando recuerdes a alguien durante el día, ora por esa persona, luego hazle saber que lo hiciste. Con frecuencia Dios insta a interceder por otros antes que sepamos por qué.
33. Cuando escuches una ambulancia, un camión de bomberos, o una sirena policial, ora por las personas implicadas, y agradécele a Dios por tus bendiciones.
34. Ora por tus policías locales.
35. Ora por los recolectores de basura.
36. Ora para que tus amigas sepan cuán hermosas son en Cristo.
37. Cuando le digas a alguien que orarás por un miembro de su familia, asegúrate de pedir el nombre de la persona y de escribirlo. Orar por las personas por su nombre lo convierte en un gesto más personal.
38. Si ves a alguien llorando durante una actividad en el templo, llévala al Señor en oración.

39. Cada día elige a una persona o familia que no conozca al Señor y ora por su salvación.
40. Ora por los dirigentes de nuestra nación.
41. Ora por cada uno de tus vecinos cuando conduces o caminas por las calles de tu vecindario.
42. Mantén un fichero en tu auto, con un aviso escrito de oración en cada ficha. Hojéalo mientras esperas para recoger a tus hijos o te encuentras atascada en el tráfico.
43. Mantén un diario de oración durante treinta días por alguien en particular y preséntaselo después a esa persona como evidencia tangible de tus oraciones.
44. Ora por lo que hay en el boletín de tu iglesia. Por los líderes, las misiones, los ministerios y los eventos de la iglesia.
45. Escribe oraciones en tarjetas de anotaciones "para el destinatario" y déjalas en las Biblias de la habitación de hotel o en libros de biblioteca.
46. Pide a tus hijos que oren algo específico por ti, y luego diles que también estás orando por ellos. Esto les enseñará sobre el poder de bendecir con oración a las personas.
47. "Adopta" una familia misionera orando por ella con regularidad.
48. Ora por el personal de limpieza en la escuela o el trabajo.
49. Ora por tu jefe para que dirija bien y con un corazón de siervo.
50. Mantén un diario de oración por cada uno de tus hijos y regálaselo en el día de su boda.

Reflexión personal

1. Las experiencias contadas en este capítulo ilustran cuatro verdades clave acerca de la oración:

   a. La oración produce resultados (la bebita de A. J.).

b. La oración es un catalizador de crecimiento espiritual (el proceso de adopción de Bethany).
c. La oración es un acto de servicio (discapacidad de Débora para servir excepto mediante la oración).
d. La oración es un testimonio para Cristo (la oración de Alicia con la mujer en la calle).

¿Cuáles de estas cuatro verdades/historias te impresionaron más? ¿Te revelaron ideas sobre la oración y su papel en tu vida que antes no habías tenido en cuenta?

2. Piensa en una ocasión en que oraste por alguien y Dios contestó. ¿Cómo influyó esto en tu fe en la oración?

3. ¿Crees en los milagros? Recuerda que Dios no cambia (Malaquías 3:6; Santiago 1:17; Hebreos 13:8). El mismo Dios que realizó milagros en los tiempos bíblicos nos observa hoy día. Estudia Génesis 21:2; Éxodo 16:21; Jonás 2:10; Daniel 6:16-23; Mateo 1.18, Mateo 14:25-27; y Juan 11:38-44. ¿Qué te dicen estos pasajes acerca del poder de Dios?

4. ¿Has estado alguna vez en una situación de esperar en Dios? ¿Cómo usó el Señor ese tiempo para hacerte crecer?

5. Piensa en una persona que conozcas que sea guerrera ferviente de oración. ¿Qué admiras de ella? ¿Qué puedes aprender de esta mujer?

6. En tus propias palabras, explica por qué la oración es acción.

7. ¿Has estado en una situación similar a la de Alicia? ¿Cómo respondiste? ¿Por qué la oración podría haber sido un regalo mayor que los dos dólares de Alicia?

8. ¿Qué impide que hagas brillar la luz de Cristo? ¿Cómo han

afectado estos capítulos pasados tu deseo de servir a Dios bendiciendo a otros?

Amor en acción

Esta semana, cuando te encuentres con alguien en necesidad de oración, no le digas tan solo: "Oraré por ti". Deja de hacer realmente lo que estás haciendo y ora en ese momento. Descubre cómo esto afecta tu crecimiento espiritual y tus relaciones.

— Capítulo 13 —

¿Por qué? Porque Dios lo dice

Hasta aquí hemos analizado qué es una bendición y cómo otorgarla. Hemos explorado nuestro egoísmo inherente y nuestras perspectivas defectuosas, y nos hemos equipado con herramientas para bendecir a otros como amplio conocimiento, aliento y consejos prácticos para comenzar a hacer cambios en nuestros corazones, almas, mentes y fuerzas hacia la voluntad de Dios, a fin de lograr el objetivo de amar bien a los demás.

No obstante, aún queda una gran pregunta.

¿Por qué?

¿Por qué debemos amar a las personas en el nombre de Dios? ¿Por qué bendecirlas? ¿Por qué molestarse? ¿Cuál es la grandiosa y misteriosa razón?

Qué bueno que lo preguntes.

En este capítulo y el siguiente abordaremos esas inquietudes con dos respuestas fuertes y claras de las Escrituras:

1. Porque Dios lo dice.
2. Porque te beneficia.

En ese orden.

Porque Dios lo dice

Cuando yo era niña, mamá solía decirme que recogiera mis juguetes. Por lo general, mi razonamiento infantil tenía un plan mejor en mente —tal como seguir jugando con los juguetes o dejar que *ella* los recogiera— por lo que hacía la pregunta del callejón sin salida: *¿Por qué?*

Y puesto que mamá era una mujer buena y clásica, respondía con aquellas palabras que todas odiamos escuchar. Las conoces, las conozco, juramos que nunca se las diríamos a nuestros propios hijos, pero lo hacemos:

Porque yo lo digo.

¡Grrrr! ¡Detesto esa respuesta! ¡Dame una explicación, mujer! Debatamos aquí nuestros motivos y consecuencias. Pero no. Mamá era la autoridad. Yo solo era la niña. Por tanto, no tenía más remedio que creer ciegamente que mi madre tenía sus razones para ordenar una recogida de juguetes en ese mismo momento en tiempo y espacio, y mi labor era recogerlos.

Dios es nuestra autoridad final. Es nuestro Padre celestial. Él sabe qué nos conviene más cuando nosotros no tenemos ni idea. Le debemos nuestro más profundo respeto y obediencia total. Y es verdad que a veces no sabemos por qué nos dice que llevemos a cabo determinadas acciones, que tomemos cierta decisión o que soportemos cierta dificultad. Solo debemos confiar en que es por nuestro propio bien.

Sin embargo, he aquí lo realmente bueno respecto a Dios. En sentido general, Él sí explica. Nos ofrece buenas razones para demostrar amor, gozo, paz, paciencia, amabilidad, bondad, fe, mansedumbre y dominio propio. Tales características son frutos directos del Espíritu (Gálatas 5:22-23), lo cual significa que ya están en ti si sigues al Señor Jesús. Por tanto, Dios simplemente espera que *seas quien realmente eres.*

Examinemos una serie de mandatos y verdades de Dios en la Biblia, y descubramos cómo nos señalan hacia el amor generoso.

Ama a Dios y a los demás

> Entonces los fariseos, oyendo que [Jesús] había hecho callar a los saduceos, se juntaron a una. Y uno de ellos, intérprete de la ley, preguntó por tentarle, diciendo: Maestro, ¿cuál es el gran mandamiento en la ley? Jesús le dijo: Amarás al Señor tu Dios con todo tu corazón, y con toda tu alma, y con toda tu mente. Este es el primero y grande mandamiento. Y el segundo es semejante: Amarás a tu prójimo como a ti mismo. De estos dos mandamientos depende toda la ley y los profetas (Mateo 22:34-40).

¿No te parece interesante que cuando se le pidió a Jesús que dijera el mandamiento principal, Él no nombrara uno sino dos? Esto debería indicarnos que amar a Dios es inseparable de amar a las personas. Amar a Dios viene primero porque Él *es* amor (1 Juan 4:8). Dios nos prepara para amar. Él es digno de nuestro más profundo amor y adoración no solo debido a lo que hace por nosotras, sino más bien por quién es: nuestro Padre todopoderoso, omnisciente y siempre fiel, la fuente de toda bendición. Nuestro amor por los demás es entonces un derramamiento natural de nuestro amor por Dios: "*Nosotros le amamos a él, porque él nos amó primero*" (1 Juan 4:19).

Es más, la Biblia afirma que amar a los demás es en realidad la manera en que demostramos nuestro amor por Dios. ¡Qué maravilla!

> En esto conocerán todos que sois mis discípulos, si tuviereis amor los unos con los otros (Juan 13:35).

Así que déjame hacer una pregunta: ¿Por qué muchas de nosotras no cumplimos esto?

Amar a la gente es difícil. Nuestro egoísmo batalla con nuestro deseo de hacer lo correcto, o peor, nos ciega en primera instancia ante la oportunidad de hacerlo. Incluso el apóstol Pablo, el más grande evangelista de la historia, luchó con esta guerra interior.

> No hago el bien que quiero, sino el mal que no quiero, eso hago. Y si hago lo que no quiero, ya no lo hago yo, sino el pecado que mora en mí (Romanos 7:19-20).

El pecado es definitivamente un obstáculo importante para obedecer los mandamientos de Dios. Pero para el creyente es algo aún más profundo que eso. ¿Podría ser que la razón de que no amemos bien a otros se deba a que no estemos totalmente convencidas del amor que Dios nos tiene?

No, no, no, dices. *Soy cristiana; acepté a Cristo hace muchos años. ¡Sé que Él me ama! ¡Es cierto, Jesús salva!*

¡Uf! Bueno. ¿Vives realmente como si lo creyeras?

Piensa en eso. En realidad no es tan sorprendente que amemos a Jesús, pues Él es maravilloso. Lo que más sorprende es que *nos* ame. En comparación con su perfección, santidad y majestad, lamentablemente somos defectuosas y desagradables.

> Cuando veo tus cielos, obra de tus dedos, la luna y las estrellas que tú formaste, digo: ¿Qué es el hombre, para que tengas de él memoria, y el hijo del hombre, para que lo visites? (Salmos 8:3-4).

Sin embargo, Dios nos ama. No tiene que hacerlo; ¡*quiere* hacerlo! Hacemos lo mismo los humanos cuando traemos a casa un bebé recién nacido arrugado y enrojecido que no tiene nada que dar más que llorar a medianoche y pañales sucios, pero mamás, papás y abuelos aprecian esa diminuta criatura como si no hubiera nada más hermoso en todo el mundo. Porque es nuestro hijo.

Cuando comenzamos a entender cuán magnífico e incomprensible es el amor que Dios nos tiene, quedamos aturdidos. Podemos al fin desprendernos de nuestra piel egoísta y ser libres para amar a otros, porque nos hallamos postradas en el suelo y agradecidas porque Dios nos amó primero.

> Estoy seguro de que ni la muerte, ni la vida, ni ángeles, ni principados, ni potestades, ni lo presente, ni lo por venir, ni lo alto, ni lo profundo,

> ni ninguna otra cosa creada nos podrá separar del amor de Dios, que es en Cristo Jesús Señor nuestro (Romanos 8:38-39).

Por eso es vital buscar a Dios por encima de todas las cosas. Pasar tiempo con el Señor Jesús, estudiar la Palabra de Dios, escuchar su voz, disfrutar su compañía, llegar a conocerlo más y más, todo esto nos revelará la enormidad de su amor y misericordia y nos hará ganar su confianza. Solo entonces podemos bendecir de veras a otras personas, simplemente porque estamos dándoles lo que ya poseemos: amor grande, hermoso y que salva vidas.

El amor es una obligación que tenemos con los demás

> No debáis a nadie nada, sino el amaros unos a otros; porque el que ama al prójimo, ha cumplido la ley (Romanos 13:8).

La Biblia dice que el amor es una deuda que tenemos con los demás. Estamos eternamente en deuda con Jesús por haber muerto en la cruz por nosotras, pero ya que nuestra salvación es un don gratuito (Efesios 2:8-9), Dios no nos ordena que le paguemos directamente. Quiere que paguemos nuestra deuda extendiéndonos a otras personas, nuestro prójimo. Comprende que esto incluye a los miembros de la familia de la iglesia y más allá de ella, personas que disfrutamos, personas que nos disgustan o personas a quienes no conocemos en absoluto. Amarlas es un acto de amor a Dios que cumple la deuda que no podemos pagar.

A lo largo de las Escrituras, Dios deja claro que no debemos agobiarnos por deudas imposibles de pagar; sin embargo, el amor es una excepción, es la obligación que no puede satisfacerse por completo. Constantemente debemos pagarla.

> Si hay alguna consolación en Cristo, si algún consuelo de amor, si alguna comunión del Espíritu, si algún afecto entrañable, si alguna misericordia, completad mi gozo, sintiendo lo mismo, teniendo el mismo amor, unánimes, sintiendo una misma cosa (Filipenses 2:1-2).

El amor da valor a nuestras acciones

> Si yo hablase lenguas humanas y angélicas, y no tengo amor, vengo a ser como metal que resuena, o címbalo que retiñe. Y si tuviese profecía, y entendiese todos los misterios y toda ciencia, y si tuviese toda la fe, de tal manera que trasladase los montes, y no tengo amor, nada soy. Y si repartiese todos mis bienes para dar de comer a los pobres, y si entregase mi cuerpo para ser quemado, y no tengo amor, de nada me sirve (1 Corintios 13:1-3).

Hay una diferencia entre simpatía y bondad. La simpatía es un estado de ánimo; conduce a gestos externos. La bondad es una virtud; genera bendiciones que fluyen de lo más profundo. Los gestos externos pueden hacerse en nuestras propias fuerzas. Las bendiciones requieren el amor y las fuerzas de Dios. Y adivina qué… no podemos llevarnos ningún mérito por lo que hemos hecho si no está arraigado en amor.

La Biblia dice que puedo tener la increíble habilidad de hablar lenguas angelicales (¿puedes imaginarlo?), tener el conocimiento cabal de todos los temas en el mundo e incluso dar todo lo que tengo, pero que solo tengo el ego inflado si hago eso sin amor. Dios lo cuenta como nada.

Él preferiría verme obsequiando un centavo con un corazón de amor que un millón de dólares con un motivo egoísta. El amor detrás de la acción importa mucho.

> Todo camino del hombre es recto en su propia opinión; pero Jehová pesa los corazones (Proverbios 21:2).

El amor es humilde

> Vestíos, pues, como escogidos de Dios, santos y amados, de entrañable misericordia, de benignidad, de humildad, de mansedumbre, de paciencia (Colosenses 3:12).

Aquí hay una advertencia en el proceso del amor generoso: No esperes que alguien te alabe por tu desinterés. Esto acaba con todo el propósito.

Sé que es solo naturaleza humana querer algún reconocimiento por tus buenas obras. Un simple "gracias" o un pastel casero, quizás... ni siquiera tiene que ser todo el pastel, solo dame un pedazo, ¿está bien? De cereza, manzana o calabaza, lo que sea. No soy exigente.

Sin embargo, si vivir para "dar prioridad a los demás" significa exhibir el amor de Cristo, entonces no podemos exigir elogios. Nuestras acciones deben estar arraigadas en humildad. ¿Por qué?

Porque Cristo es humilde.

> Haya, pues, en vosotros este sentir que hubo también en Cristo Jesús, el cual, siendo en forma de Dios, no estimó el ser igual a Dios como cosa a que aferrarse, sino que se despojó a sí mismo, tomando forma de siervo, hecho semejante a los hombres; y estando en la condición de hombre, se humilló a sí mismo, haciéndose obediente hasta la muerte, y muerte de cruz. Por lo cual Dios también le exaltó hasta lo sumo, y le dio un nombre que es sobre todo nombre, para que en el nombre de Jesús se doble toda rodilla de los que están en los cielos, y en la tierra, y debajo de la tierra; y toda lengua confiese que Jesucristo es el Señor, para gloria de Dios Padre (Filipenses 2:5-11).

La humildad es lo que nos permite bendecir libremente, incluso cuando es difícil hacerlo. Nos hace ver a los demás como dignos de nuestro amor, aunque aterroricen o sean desagradables o extraños. Y (¿no te gusta la ironía de Dios?) solamente la humildad producirá al final las más grandes recompensas.

> El que se enaltece será humillado, y el que se humilla será enaltecido (Mateo 23:12).

Mantén gratitud y reverencia

> Esfuércense por demostrar los resultados de su salvación obedeciendo a Dios con profunda reverencia y temor (Filipenses 2:12, NTV).

Tengamos en cuenta ahora la pregunta inversa. ¿Por qué *no* bendecimos a alguien? Bueno, se me ocurren algunas razones.

- No queremos hacerlo.
- No nos gusta la persona.
- No creemos que lo merezca.
- No estamos de acuerdo con el concepto.
- Estamos demasiado ocupadas.
- No vemos la necesidad.

Todas estas excusas señalan un responsable: Hemos perdido el respeto por Dios.

Romanos 1:20 establece: "Las cosas invisibles de él, su eterno poder y deidad, se hacen claramente visibles desde la creación del mundo, siendo entendidas por medio de las cosas hechas, de modo que no tienen excusa". Podemos ver la naturaleza divina de Dios. ¡Se encuentra dondequiera que miremos! Está en el sol, los árboles, los copos de nieve y la arena de la playa. Toda la creación grita: *¡Qué impresionante es el Creador!* Pero no lo reconocemos porque todo es demasiado conocido para nosotras.

Día tras día conduzco a la escuela de mis hijas por la misma ruta de ida y vuelta. Tal vez podría recorrer al menos la mitad del camino con los ojos cerrados (aunque no lo haré, amiga… a causa de los semáforos). Las calles son tan conocidas para mí que ya casi no miro los carteles ni observo el color de las casas que bordean la carretera. No tengo que hacerlo. Ya lo sé.

Lo mismo nos sucede cuando miramos la creación de Dios día tras día tras día. Se vuelve algo demasiado conocido. Entonces empezamos a creer que no necesitamos poner atención a lo que Él dice —amar a las personas, mostrar bondad, ver a los demás como Dios los ve— porque ya no encontramos sorprendente el viaje. Ya no nos asombramos. Hemos desperdiciado nuestra reverencia por quién es Dios y lo que ha hecho.

Y, tristemente, perdemos nuestro deseo de imitarlo.

> Amados, si Dios nos ha amado así, debemos también nosotros amarnos unos a otros (1 Juan 4:11).

La solución es sencilla. Necesitamos un renovado respeto por Jesucristo. Debemos comparar nuestra pequeñez con su grandeza. Entonces tendríamos un nuevo respeto por hacer lo que Él dice.

¿Y cómo obtienes un nuevo respeto por Jesús? Abre los ojos. Mira alrededor. Redescubre la belleza a tu alrededor, en la naturaleza, la música, el sonido de la risa de tu hijo. Medita en los grandes esfuerzos que Jesús debió hacer para tu salvación. Intenta contar las estrellas. ¡Eso por sí solo hará volar tu imaginación!

Reaviva tu reverencia por Dios, y serás inspirada una vez más a imitarlo y compartir su amor con los demás.

> Vuélveme el gozo de tu salvación, y espíritu noble me sustente (Salmos 51:12).

Tomarse mutuamente en cuenta

> El amor sea sin fingimiento. Aborreced lo malo, seguid lo bueno. Amaos los unos a los otros con amor fraternal; en cuanto a honra, prefiriéndoos los unos a los otros (Romanos 12:9-10).

Algunos de mis versículos favoritos en la Biblia son aquellos de "unos a otros". Son los que describen cómo debemos tratar a los demás. Confirman el hecho de que Dios nos creó para estar en comunidad unos con otros y preocuparnos por las personas más allá de nosotras mismas. Ya has leído algunos de ellos hasta aquí en este libro; te los recordaré otra vez antes que terminemos. Pero por ahora parece apropiado encajar nuestro capítulo "Porque Dios lo dice" con sus instrucciones sobre *cómo* hacerlo. Léelos. Memorízalos. Pégalos en los espejos de tu baño y guárdalos en tu celular. Haz de estas palabras parte de tu corazón. Luego "sed hacedores de la palabra, y no tan solamente oidores, engañándoos a vosotros mismos" (Santiago 1:22).

Amarse unos a otros.

"Un mandamiento nuevo os doy: Que os améis unos a otros; como yo os he amado, que también os améis unos a otros" (Juan 13:34).

"Amados, si Dios nos ha amado así, debemos también nosotros amarnos unos a otros" (1 Juan 4:11).

"Sobre todo, ámense mucho unos a otros, porque el amor borra los pecados" (1 Pedro 4:8, TLA).

Orar unos por otros.

"Confesaos vuestras ofensas unos a otros, y orad unos por otros, para que seáis sanados. La oración eficaz del justo puede mucho" (Santiago 5:16).

"Oren en el Espíritu en todo momento y en toda ocasión. Manténganse alerta y sean persistentes en sus oraciones por todos los creyentes en todas partes" (Efesios 6:18, NTV).

Animaros unos a otros.

"Animaos unos a otros, y edificaos unos a otros, así como lo hacéis" (1 Tesalonicenses 5:11).

"Exhortaos los unos a los otros cada día, entre tanto que se dice: Hoy; para que ninguno de vosotros se endurezca por el engaño del pecado" (Hebreos 3:13).

"Considerémonos unos a otros para estimularnos al amor y a las buenas obras; no dejando de congregarnos, como algunos tienen por costumbre, sino exhortándonos; y tanto más, cuanto veis que aquel día se acerca" (Hebreos 10:24-25).

Rendir cuentas unos a otros.

"Hermanos, si alguno fuere sorprendido en alguna falta, vosotros que sois espirituales, restauradle con espíritu de mansedumbre" (Gálatas 6:1).

"Siguiendo la verdad en amor, crezcamos en todo en aquel que es la cabeza, esto es, Cristo" (Efesios 4:15).

Llevar unos las cargas de los otros.

"Sobrellevad los unos las cargas de los otros, y cumplid así la ley de Cristo" (Gálatas 6:2).

Instruiros unos a otros.

"La palabra de Cristo more en abundancia en vosotros, enseñándoos y exhortándoos unos a otros en toda sabiduría, cantando con gracia en vuestros corazones al Señor con salmos e himnos y cánticos espirituales" (Colosenses 3:16).

"Las ancianas asimismo sean reverentes en su porte; no calumniadoras, no esclavas del vino, maestras del bien; que enseñen a las mujeres jóvenes a amar a sus maridos y a sus hijos, a ser prudentes, castas, cuidadosas de su casa, buenas, sujetas a sus maridos, para que la palabra de Dios no sea blasfemada" (Tito 2:3-5).

Serviros unos a otros.

"Si yo, el Señor y el Maestro, he lavado vuestros pies, vosotros también debéis lavaros los pies los unos a los otros" (Juan 13:14).

"Hermanos, a libertad fuisteis llamados; solamente que no uséis la libertad como ocasión para la carne, sino servíos por amor los unos a los otros" (Gálatas 5:13).

Reflexión personal

1. Lee 1 Juan 4:7-21. ¿De dónde viene el amor? ¿Qué lo hace posible? Según este pasaje, ¿qué determina que una persona le pertenezca a Dios? ¿Qué te dice esto en cuanto a la importancia del amor generoso?

2. Juan 13:35 afirma que una persona se identifica como seguidora de Jesús no por la manera en que ama a Dios, sino por el modo en que ama a los demás. ¿Cómo el hecho de amar a los demás es una demostración de nuestro amor por Dios?

3. Califica el grado en que crees las siguientes declaraciones (1 = no creo esto en absoluto; 5 = No tengo ninguna duda en mi mente).

   Dios me ama .... 1 .... 2 .... 3 .... 4 5
   Jesús murió por mí (¡sí, por mí!) .... 1 .... 2 .... 3 .... 4 5
   Mis acciones no hacen que Dios me ame menos .... 1 .... 2 .... 3 .... 4 5
   Mis acciones no hacen que Dios me ame más .... 1 .... 2 .... 3 .... 4 5
   Dios me ha perdonado todo lo malo que he hecho .... 1 .... 2 .... 3 .... 4 5

   Si no estás segura de cómo responder a estas preguntas, lee otra vez nuestro estudio en el capítulo 2, "Jesús: el transformador de vida". Habla de tus dudas con una amiga piadosa o con quien dirige tu estudio bíblico.

4. Mira otra vez Romanos 13:8. ¿Cómo el hecho de bendecir a otros cumple con nuestra obligación de amarnos unos otros?

5. ¿Cuál es la diferencia entre *simpatía* y *bondad*? ¿Cómo están

los cristianos dotados con la habilidad única de demostrar verdadera bondad? (Sugerencia: lee Gálatas 5:22-23).

6. Lee Mateo 6:2. ¿Por qué es la humildad un aspecto importante para bendecir a otras personas? ¿Cómo los motivos ocultos y el orgullo son contraproducentes para el proceso de vivir de modo que "demos prioridad a los demás"?

7. ¿Qué razones das para *no* bendecir a otros (o a alguien en particular)? ¿Qué dice la Biblia al respecto? Lee 1 Juan 4:11-12 y 4:20-21.

8. Romanos 12:10 (NTV) nos ordena: "Ámense unos a otros con un afecto genuino y deléitense al honrarse mutuamente". ¿De qué manera te deleitas honrando a otras personas? ¿Por qué no?

Amor en acción

Esta semana enfócate en reavivar tu reverencia por Dios. Sé intencional en cuanto a buscar la belleza de Dios en la naturaleza, el arte, la ciencia, la comida, etc. Abre tu corazón para detectar cómo Él obra en tu vida cotidiana. Ora para que se restauren la reverencia y el gozo por las cosas del Señor. Memoriza Salmos 51:12 y pide al Padre celestial que lo haga realidad en ti.

— Capítulo 14 —

Y también porque te beneficia

Mis hijas están ahorrando para una mascota. Bueno, eso es lo que ellas dicen. En este momento no es importante que papá y yo hayamos decidido que estamos listos para adoptar un hijo peludo de cuatro patas; ellas han decidido tenerlo y lo tendrán si pueden adquirirlo. Admiramos su tenacidad.

Por eso, periódicamente me preguntan si puedo ponerles a hacer algunas tareas. *Por supuesto*, suelo asentir, *¡qué bueno que lo preguntan! Pueden doblar ropa limpia, vaciar el lavaplatos, limpiar el polvo. ¡Mamá tiene muchas tareas!*

A lo cual ellas contestan: *¿Cuánto vas a pagarnos?*

¡Ah, claro! Esta es la filosofía de la cultura moderna de dar y recibir. Si hago esto, tú harás eso. Si te doy esto, me darás aquello. Si trabajo duro, me pagarás un dólar. Si limpio la bañera, finalmente me dejarás tener una mascota.

Hasta cierto punto, ese concepto es en realidad muy bíblico. A lo largo de las Escrituras, Dios dice a su pueblo: *Si me obedecen, los recompensaré.* Los israelitas escucharon eso repetidas veces, y aun así desobedecían (una y otra vez). Algunas cosas nunca cambian.

No obstante, comprende esto: En realidad, la recompensa no es el objetivo, solo es un beneficio.

¿Por qué debemos amar a los demás? En primer lugar, porque Dios nos lo dice, punto, signo de admiración, fin de la historia. La segunda razón, porque nos beneficia, no está destinada a ser una motivación principal. Las verdaderas bendiciones no se otorgan con la intención de obtener algo a cambio. Dar es en sí una recompensa, como nos lo dice Jesús: "Más bienaventurado es dar que recibir" (Hechos 20:35). No obstante, puesto que Dios es un Padre muy amoroso, *sí* nos premia por un trabajo bien hecho. Este es un beneficio adicional de confiar en Él

La obediencia produce bendición

La Biblia está llena de promesas de que seremos bendecidos si hacemos lo que Dios ordena. Es parte de su procedimiento. Simplemente mira todas las maneras en que Él expresa esta verdad a lo largo de las Escrituras.

> Si alguno es oidor de la palabra pero no hacedor de ella, éste es semejante al hombre que considera en un espejo su rostro natural. Porque él se considera a sí mismo, y se va, y luego olvida cómo era. Mas el que mira atentamente en la perfecta ley, la de la libertad, y persevera en ella, no siendo oidor olvidadizo, sino hacedor de la obra, *éste será bienaventurado en lo que hace* (Santiago 1:23-25).

> *De cierto te bendeciré*, y multiplicaré tu descendencia como las estrellas del cielo y como la arena que está a la orilla del mar; y tu descendencia poseerá las puertas de sus enemigos. En tu simiente serán benditas todas las naciones de la tierra, *por cuanto obedeciste a mi voz* (Génesis 22:17-18).

> A *su alma hace bien el hombre misericordioso*; mas el cruel se atormenta a sí mismo (Proverbios 11:17).

> *El ojo misericordioso será bendito*, porque dio de su pan al indigente (Proverbios 22:9).
>
> *Dad, y se os dará*; medida buena, apretada, remecida y rebosando darán en vuestro regazo; porque con la misma medida con que medís, os volverán a medir (Lucas 6:38).
>
> Él les dijo: De cierto os digo, que no hay nadie que haya dejado casa, o padres, o hermanos, o mujer, o hijos, por el reino de Dios, que no *haya de recibir mucho más* en este tiempo, y en el siglo venidero la vida eterna (Lucas 18:29-30).
>
> El que siembra escasamente, también segará escasamente; y el que siembra generosamente, *generosamente también segará* (2 Corintios 9:6).
>
> A Jehová presta el que da al pobre, y el bien que ha hecho, *se lo volverá a pagar* (Proverbios 19:17).
>
> Traed todos los diezmos al alfolí y haya alimento en mi casa; y probadme ahora en esto, dice Jehová de los ejércitos, si no os abriré las ventanas de los cielos, y *derramaré sobre vosotros bendición* hasta que sobreabunde (Malaquías 3:10).
>
> El que siembra para su carne, de la carne segará corrupción; mas el que siembra para el Espíritu, del Espíritu segará vida eterna. *No nos cansemos, pues, de hacer bien; porque a su tiempo segaremos, si no desmayamos.* Así que, según tengamos oportunidad, hagamos bien a todos, y mayormente a los de la familia de la fe (Gálatas 6:8-10).

¿Lo ves? La Biblia es explícita en este tema. El amor generoso (obedecer los mandatos de cuidar "unos a otros" y mostrar amor en acción como Dios nos ordena hacer) *será recompensado*. Esa verdad central, aunque no debería ser nuestra razón principal para amar a los demás, es ciertamente un beneficio maravilloso de vivir para Cristo. Esto debería estimular nuestra gratitud y animar nuestros corazones, para que "no nos cansemos, pues, de hacer bien" (Gálatas 6:9).

¿Cuáles son las recompensas?

Lo sé, lo sé. Es posible que en este momento sientas deseos de tirar este libro contra la pared. Te agradezco que lo recojas, mi desconsolada hermana. Lo entiendo. Yo me hago las mismas preguntas. *¿Dónde está mi recompensa?*, ¿no es así? *¿Por qué todavía no la he visto?*

¡Ah, la economía de Dios es muy diferente de la nuestra! Puede que su sistema de recompensas no sea para nada lo que esperamos. A menudo anhelamos reconocimiento, consuelo, relaciones restauradas, lo que sea.

¡Señor, he hecho lo que pediste que hiciera! ¡Ahora devuélveme mi matrimonio! ¡Sáname! ¡Concédeme un rescate financiero, salvación para mis seres queridos, el trabajo soñado por el que siempre he suspirado! ¡Por favor, Señor Jesús, simplemente dame una siesta o una ducha caliente!

Queremos que nuestras recompensas lleguen en la forma de lo que hemos estado esperando, y por lo que hemos orado y llorado. Pero Dios no siempre nos concede tales deseos. ¿Por qué? Porque Él nunca deja de darnos lo mejor. Y, sobre todo, nuestro Padre celestial sabe que necesitamos más de Él.

Esa es la mayor recompensa, comprendámoslo o no.

> El mismo que es Señor de todos, es rico para con todos los que le invocan; porque todo aquel que invocare el nombre del Señor, será salvo (Romanos 10:12-13).

Obtener más de Dios

Entonces, ¿qué significa de todos modos tener "más de Dios"? Parece un concepto extraño, ¿verdad? Pero es real. Cuando recibimos más de Dios, empezamos a pensar del modo en que Él piensa y a querer más de lo que quiere. Dios nos infunde paz más profunda, confianza más firme y gozo más completo. Estas no son las recompensas tangibles y medibles que a menudo añoramos, pero son mucho mejores.

Hay un relato aleccionador en el Antiguo Testamento que ilustra este concepto. En Génesis 13 encontramos la historia de Abraham y su sobrino Lot. Ambos hombres eran acaudalados y competentes, lo cual en esa época significaba que poseían abundancia de tierras y de rebaños, y de tiendas, además de un necesario ejército de criados para cuidar de todo. Finalmente, la tierra en la cual Dios había puesto a los dos parientes no podía contener las recompensas combinadas de ambos, razón por la que debieron separarse.

Abraham permitió que su sobrino eligiera primero, y este se fue al oriente para armar sus tiendas cerca de Sodoma, una ciudad conocida por su maldad. Abraham tomó la dirección opuesta hacia un gran bosque, donde Dios lo bendijo con toda clase de provisión.

Más tarde, en el capítulo 18, Abraham recibe la visita de tres ángeles. Muchos teólogos creen que el tercer ángel era Jesús, quien aparece en ciertas escenas del Antiguo Testamento como "el ángel de Dios". ¿Te imaginas? Tres ángeles llegan a cenar, ¡y uno de ellos es Jesucristo mismo! Qué regalo más maravilloso estar en la presencia directa del Santo.

Sin embargo, Lot se había puesto en una situación precaria al vivir entre los sodomitas que "eran malos y pecadores contra Jehová en gran manera" (Génesis 13:13). En lugar de vivir en fe como Abraham había hecho, Lot se sumergió en la cultura irreverente que lo rodeaba. Aún le pertenecía a Dios, pero sus convicciones flaqueaban. Por eso, cuando Dios envió ángeles a hacer una visita a Lot en el capítulo 19, despachó solo a dos. Jesús no estaba entre ellos.

¿Qué nos dice esto? Que la obediencia (hacer lo que Dios nos dice que hagamos, llevando una vida que busca agradarle), es recompensada. Con *más de Dios*.

Eso no significa que las cosas vayan a ser fáciles

Una amiga mía nos habló hace poco sobre una enseñanza en el Salmo 121 que la ayudó en algunas luchas personales que estaba teniendo en ese tiempo. Ella comentó: "En un año en que Dios ha estado eliminando sistemáticamente de mi vida muchas de las cosas que aprecio —salud, amistades, seguridad, orgullo, todos mis dioses falsos—, he sido bendecida y animada más que nunca antes por la Palabra. Para mí, tener 'más de Jesús' es una esperanza invisible que me hace creer, incluso en las profundidades de la desesperación, que no estoy sola".

> Alzaré mis ojos a los montes; ¿de dónde vendrá mi socorro? Mi socorro viene de Jehová, que hizo los cielos y la tierra. No dará tu pie al resbaladero, ni se dormirá el que te guarda. He aquí, no se adormecerá ni dormirá el que guarda a Israel. Jehová es tu guardador; Jehová es tu sombra a tu mano derecha. El sol no te fatigará de día, ni la luna de noche. Jehová te guardará de todo mal; Él guardará tu alma. Jehová guardará tu salida y tu entrada desde ahora y para siempre (Salmo 121).

Este salmo en particular se escribió probablemente cuando el salmista iba de camino a Jerusalén para adorar en una fiesta de peregrinación. Este no era un viaje a la playa. Las colinas que rodeaban la Ciudad Santa de Dios eran famosas por bandidos, animales salvajes, características peligrosas de la tierra y clima brutal, por no mencionar los santuarios paganos que en ese tiempo eran fortalezas activas de opresión demoníaca. ¿Parece divertido? De ninguna manera.

Para llegar a este destino —el lugar de adoración, el lugar donde sabía que iba a ser bendecido por la presencia de Dios— el viajero tenía que atravesar todas esas dificultades. El salmo no dice en ninguna parte que el Señor envió a Jerusalén al peregrino solo porque este estuviera buscando a Dios. Pero sí dice que el

Señor era su "sombra a [su] mano derecha" y que "guardará [su] salida y [su] entrada desde ahora y para siempre". Dios caminaba *con él* a través de los desafíos, y hace lo mismo por nosotras. Nos protege y nos guía cuando, al igual que el peregrino, ansiamos más del Señor.

Mi amiga declaró: "En ocasiones atravesamos el valle de sombra de muerte en nuestro intento por obtener más de Cristo. Es en estos momentos que Él nos refina por medio de pruebas y sufrimientos. Agrega volumen a nuestro músculo espiritual por medio del dolor y las dificultades del recorrido. Quizás no veamos nuestro crecimiento o las soluciones que deseamos, pero el Señor actúa en menguarnos a nosotros para que Él crezca en nosotros".

El amor generoso levanta tu espíritu

Hemos explorado la manera en que Dios puede acercarnos más a Él como recompensa por obedecer en momentos de sufrimiento. Lo irónico es que el Señor también puede usar nuestro sufrimiento para consolarnos cuando nos enfocamos en algo más allá de nuestra angustia.

Mario, el hijo de Carla, padece distrofia muscular. Con solo siete años ya ha soportado varias cirugías, y hace poco se sometió a una intervención importante en su columna vertebral. Sin importar cuántas veces hayan pasado ya por esto, prepararse para una cirugía es una experiencia de mucha tensión para Carla y los suyos. Ninguna madre quiere ver sufrir a su hijo.

Sin embargo, en lugar de centrarse en sus temores, Carla decidió consagrar su energía en ayudar a alguien más. Solo semanas antes de la cirugía, su familia realizó una colecta de zapatos en beneficio de *Soles For Jesus*, ministerio que entrega zapatos a niños en países en desarrollo a fin de que puedan asistir a la escuela.

"Mario no puede correr. No es un niño que gasta sus zapatos —expresó Carla—. Hubo algo realmente genial en la idea de que mientras él usa zapatos y sin duda los necesita, nosotros no los gastamos, simplemente se quedan pequeños. Por tanto, estamos en una posición perfecta para renunciar a nuestros zapatos ligeramente usados a favor de niños cuyas vidas cambiarán para siempre debido a un simple par de zapatos".

Carla anunció en Facebook su campaña de recolección de zapatos y le sorprendió la respuesta. Vecinos, amigos, compañeros de trabajo y personas de la comunidad escolar de Mario dejaron pares tras pares de zapatos en la puerta de Carla. El empleador del esposo de ella apoyó la campaña de recolección de zapatos ofreciendo regalos a todos los que donaban. El día antes de la cirugía, la familia de Carla entregó más de doscientos pares de zapatos a Soles For Jesus, y desde entonces siguen recolectando zapatos.

"Cuando estoy pasando algo de mucha tensión olvido que otras personas tienen sus propios problemas —comentó Carla—. Nuestra tensión no era una excusa. Siempre decimos que no vamos a ser víctimas de esta enfermedad; vamos a vivir en victoria. La campaña de recolección de zapatos fue una de las formas en que pudimos hacer eso. Nos ayudó a todos a enfocarnos en cómo aún estamos en una posición de bendecir".

Al final, Carla dijo que, aunque la campaña de recolección de zapatos era para bendecir a otras personas, ella y su familia fueron más bendecidas. "Las personas siempre quieren ayudarte cuando atraviesas una crisis —añadió—. La colecta de zapatos les dio algo muy sencillo y tangible que pudieron hacer, a fin de sentirse que estaban extendiéndose para servirnos, pero en el proceso realmente estaban sirviendo a alguien más. ¡Se trató de un 'dos por uno'! En realidad, toda la experiencia levantó nuestros espíritus y nos ayudó a centrarnos hacia afuera en lugar de centrarnos hacia adentro en medio de nuestro dolor y nuestra ansiedad".

> El alma generosa será prosperada; y el que saciare, él también será saciado (Proverbios 11:25).

La bendición genera más bendición

Los beneficios de obedecer el mandato divino de amar no se detienen personalmente con nosotras. Con cada bendición, el interés prolifera y se propaga por todo el reino de Dios cada vez que una bendición enciende otra, la cual enciende otra, y esta enciende otra y otra hasta el infinito. Esto puede que no suceda con todo acto de generosidad que realizamos, especialmente cuando nuestras bendiciones aterrizan en corazones endurecidos. Hablaremos más de eso en el capítulo siguiente. Pero, por ahora, entiende que las pequeñas bendiciones *pueden* crecer rápidamente. Y mientras más nos arriesguemos a bendecir a otros, mayor es la probabilidad de que una de las bendiciones surta gran efecto y se multiplique.

Como esta.

Alba y su esposo Mateo fueron llamados a ser misioneros al mismo tiempo que Alba supo que estaba embarazada por primera vez. Esta oportunidad ministerial significaba alejarse de la familia y aceptar un gran recorte de ingresos.

"Yo sabía que Dios estaba llamándonos a dar este paso de fe, pero me preocupaba mi bebé —declaró Alba—. No me importaba vivir con muy poco para mí misma, pero tener una bebita puso todo en una perspectiva diferente". Ella luchaba con querer proveer para su hija del modo en que imaginaba que podía hacerlo si no le hubieran ofrecido el nuevo trabajo.

"Algo que me preocupaba de veras por alguna razón era vestirla —explicó Alba—. Me la pasé orándole a Dios que me hablara al respecto y tranquilizara mi corazón".

Entonces un día en que ella leía su Biblia pasaron por la radio el himno "Su mirada está en el gorrión", y le trajo a la mente de Alba un pasaje del libro de Mateo donde Jesús enseña:

> Mirad las aves del cielo, que no siembran, ni siegan, ni recogen en graneros; y vuestro Padre celestial las alimenta. ¿No valéis vosotros mucho más que ellas?... Y por el vestido, ¿por qué os afanáis?

> Considerad los lirios del campo, cómo crecen: no trabajan ni hilan; pero os digo, que ni aun Salomón con toda su gloria se vistió así como uno de ellos. Y si la hierba del campo que hoy es, y mañana se echa en el horno, Dios la viste así, ¿no hará mucho más a vosotros, hombres de poca fe? (Mateo 6:26, 28-30).

"Al instante sentí que Dios estaba diciéndome que proveería para nosotros, especialmente en la categoría vestido", manifestó Alba.

Pasaron rápidamente varios meses; Alba y Mateo dieron el gran paso, y recibieron a su hermosa bebita Elisabeth. Tenían algo de ropa de recién nacida y hasta los tres meses de edad, pero no mucho más. Sin embargo, Alba siguió recordándose que Dios había prometido proveer.

Entonces, un día cuando caminaba por un pasillo del templo, una mujer se acercó para presentarse a Alba. Resultó que tenía una hija que había nacido casi exactamente un año antes que Elisabeth. La mujer, Estefanía, le preguntó a Alba si le gustaría recibir algunas prendas de su hija, y desde luego que Alba aprovechó la oportunidad. "Unos días después —informó Alba—. Estefanía se apareció en mi casa con veintidós cajas de ropa de bebé. ¡Yo no podía creer lo que estaba viendo!".

La mayoría de la ropita de niña la habían recibido como regalos y aún estaba en perfectas condiciones. Había tanta que ni la hija de Estefanía ni la de Alba podrían usarla toda. Pero Alba aceptó gentilmente la abundancia de ropa.

Al mismo tiempo, los padres de Alba comenzaron a hacer varios viajes misioneros a Cuba, donde observaron que los cubanos tenían una enorme necesidad —quién iba a saberlo— de ropa de bebé. Alba pudo llenar cuatro maletas con la sobreabundancia de provisión divina, la cual sus padres distribuyeron a mujeres necesitadas.

Hoy, la hija de Alba ya ha dejado los pañales y Estefanía continúa pasándole ropa, la cual Alba sigue compartiendo con otras mamás amigas en Cuba.

¿No es maravilloso? Simplemente no sabemos cómo Dios utilizará nuestros pequeños pasos de fe y obediencia para bendecirnos y, por medio de nosotras, bendecir también a otras personas, incluso a quienes tal vez nunca conozcamos y en formas que quizás nunca veamos por completo.

> Aquel que es poderoso para hacer todas las cosas mucho más abundantemente de lo que pedimos o entendemos, según el poder que actúa en nosotros, a él sea gloria en la iglesia en Cristo Jesús por todas las edades, por los siglos de los siglos. Amén (Efesios 3:20-21).

Reflexión personal

1. Santiago 1:25 nos dice: "El que mira atentamente en la perfecta ley, la de la libertad, y persevera en ella, no siendo oidor olvidadizo, sino hacedor de la obra, éste será bienaventurado en lo que hace". ¿Cómo el hecho de obedecer "la perfecta ley" de Dios nos da libertad? Lee 2 Corintios 3:17; Juan 8:36; Hechos 13:38-39; y Romanos 6:22.

2. Medita en Proverbios 11:17. ¿Cómo se beneficia el hombre misericordioso?

3. Examina Lucas 6:38 y 2 Corintios 9:6. Ambos versículos se refieren al principio de la siembra y la cosecha. ¿Cómo afecta esto la forma en que bendices a otras personas?

4. Lee Mateo 7:9-11. ¿Cómo puede nuestra idea de una buena dádiva ser muy diferente de la idea que Dios tiene? ¿Cómo podemos estar seguros de que cualquier cosa que el Señor nos da es de alguna manera en nuestro mejor interés? Estudia Romanos 8:28-32 para más información.

5. Qué significa recibir "más de Dios"? ¿Cómo hacemos esto?

6. Lee Juan 15:2. ¿Has experimentado alguna vez una temporada de poda? De acuerdo con este versículo, ¿por qué permite Dios que atravesemos luchas o pérdidas? ¿Cómo puede esto ser para nuestro bien?

7. Proverbios 11:25 asegura que "el que saciare, él también será saciado". Piensa en una ocasión en que el hecho de bendecir a alguien más te bendijo. ¿Cuál fue tu experiencia?

8. En tus propias palabras, ¿por qué es más bienaventurado dar que recibir (Hechos 20:35)?

Amor en acción

Empieza manteniendo un diario de todas las maneras en que ves la bendición de Dios debido a tu obediencia. En tiempos de lucha, recuerda que las bendiciones de Dios no siempre tienen el aspecto que esperas, pero eso no significa que Él no esté obrando en tu vida.

— Capítulo 15 —

Cuando es difícil bendecir

En la época navideña, Julia llevó de compras a sus hijos a fin de adquirir regalos para su papá. Al igual que muchas otras familias, recorrieron pasillos de corbatas, herramientas eléctricas, artículos deportivos y tazas de café hasta que se decidieron por los regalos navideños precisos para el hombre que, a los ojos de sus hijos, no hacía nada malo.

No obstante, Julia sabía que las cosas no eran así.

A lo largo de catorce años de matrimonio, su esposo había sido infiel. Julia lo perdonaba, buscaban consejo, y ella lo seguía perdonando. Julia sabía que Dios le ordenaba amar a su esposo aun con sus defectos, por lo que se esforzaba cada día en ponerlo en primer lugar, apoyarle en su carrera, sin esperar nada a cambio e inculcando esos mismos valores desinteresados en sus hijos. Sin embargo, su esposo persistía en su codicia y engaño hasta que finalmente el matrimonio terminó en divorcio.

Dos años más tarde, el dolor emocional todavía surge en forma de lágrimas.

"Encuentro consuelo en saber que hice lo que prometí hacer —dijo Julia—. Al principio serví y bendije a mi esposo porque pensaba que era lo que se esperaba de mí en el matrimonio, pero a medida que pasaba el tiempo y no había reciprocidad, lo hice más por obediencia al Señor".

Ahora que cría tres hijos como madre sola, Julia pelea una batalla interior. "Mi naturaleza pecadora no quiere hacer nada bueno por alguien que me ha tratado tan mal —explicó ella—. Pero deseo servir de instrumento para mis hijos; no quiero tener una influencia negativa en ellos. Tengo que orar todo el tiempo, pidiéndole a Dios que me ayude, que me dé fuerzas para obedecerle".

¿Crees que Julia tiene derecho a ser áspera? ¿Que su exesposo no merece tal misericordia después de todo lo que hizo? Eso es lo que el mundo le grita a ella en su cara cada día. Pero Dios dice algo diferente.

> No le hagan mal al que les hizo mal ni insulten al que los insultó. Al contrario, bendíganlo, porque Dios los eligió a ustedes para que reciban bendición (1 Pedro 3:9, NBV).

"Todo en mí quiere estar amargada, resentida y herida, pero obedecer es acabar con ese instinto —declara Julia—. Como seguidora de Cristo vivo para algo más que mí misma, mis deseos y mis sentimientos. El resentimiento te carcome por dentro. Impide que sanes. No hay libertad en eso. Pero sí hay libertad en decidir animar a mis hijos a seguir amando y bendiciendo a su padre. Y espero que un día entiendan y aprecien el modo en que manejé esta situación tan difícil... por el bien de ellos y para la gloria de Dios".

No hay manera de evitarlo. A veces bendecir a otros es francamente difícil. Se siente que es doloroso, ridículo y hasta inútil. Pero Dios sigue llamándonos a proceder así.

¿Cómo? ¿Cómo es posible que podamos bendecir a quienes nos lastiman, a quienes nos ponen los nervios de punta o que desean enfermarnos y no nos ofrecen ninguna posibilidad de bendecirnos también?

No podemos. Por eso es que necesitamos a Dios, porque *Él* sí puede.

> Amad, pues, a vuestros enemigos, y haced bien, y prestad, no esperando de ello nada; y será vuestro galardón grande, y seréis hijos del Altísimo; porque él es benigno para con los ingratos y malos. Sed, pues, misericordiosos, como también vuestro Padre es misericordioso (Lucas 6:35-36).

Si Dios es nuestro modelo, entonces no tenemos excusa. Él es bondadoso con los ingratos y malvados; por tanto, también debemos ser amables con las personas que, en nuestra opinión carnal, merecen ser enterradas vivas en un foso de serpientes venenosas. ¡No! ¡Dios dice que las amemos! ¡Que les hagamos bien! ¡Y (apuñálame ahora, Jesús) *no esperemos nada a cambio*! ¿Quééé? ¿Cómo es eso posible?

Con Dios.

> [Dios] me ha dicho: Bástate mi gracia; porque mi poder se perfecciona en la debilidad. Por tanto, de buena gana me gloriaré más bien en mis debilidades, para que repose sobre mí el poder de Cristo. Por lo cual, por amor a Cristo me gozo en las debilidades, en afrentas, en necesidades, en persecuciones, en angustias; porque cuando soy débil, entonces soy fuerte (2 Corintios 12:9-10).

El sacrificio es parte de nuestro llamado

¿No sería agradable que vivir para Jesús significara que nunca tuviéramos problemas? Nunca saldríamos heridos, no nos tropezaríamos con personas desagradables, nunca tendríamos que hacer nada que no quisiéramos hacer… en consecuencia, no creceríamos.

Dios ordena en el Antiguo Testamento: "No te vengarás, ni guardarás rencor a los hijos de tu pueblo, sino amarás a tu prójimo como a ti mismo. Yo Jehová" (Levítico 19:18). Cuando Jesús entra en escena en el primer siglo revisa ese mandamiento con un giro: "Un mandamiento nuevo os doy: Que os améis unos a otros; como yo os he amado, que también os améis unos a otros" (Juan 13:34).

Como yo os he amado. ¿Qué significa eso? ¿Cómo nos amó Jesús? Con una cruz.

> Dios muestra su amor para con nosotros, en que siendo aún pecadores, Cristo murió por nosotros (Romanos 5:8).

Jesús sabe qué se siente cuando eres rechazado. Sabe cómo te sientes cuando eres ultrajado, humillado, golpeado y acusado falsamente. Si puedes identificarte, entonces anímate: no estás sola. Jesús fue delante de ti.

Él nos dice: "Si alguno quiere venir en pos de mí, niéguese a sí mismo, tome su cruz cada día, y sígame" (Lucas 9:23), y "padecemos juntamente con él, para que juntamente con él seamos glorificados" (Romanos 8:17). El sacrificio es parte del trato. Nos inscribimos el día en que aceptamos a Jesús como nuestro Señor y Salvador.

Sin embargo, no pierdas el significado de esas dos palabras: Jesucristo es tu *Señor* (Él tiene el control, aunque no lo sientas), y es tu *Salvador* (te salva finalmente del peor de los sufrimientos, aunque no lo sientas). Cada día que pasas aquí en este planeta es una jornada en que Jesús desea hacer crecer tu carácter hasta que seas más y más como Él.

¿Y por eso existe toda esta idea de bendecir a las personas que te hieren? Sí, esa es una manera de realizar la tarea.

> También nos gloriamos en las tribulaciones, sabiendo que la tribulación produce paciencia; y la paciencia, prueba; y la prueba, esperanza; y la esperanza no avergüenza; porque el amor de Dios ha sido derramado en nuestros corazones por el Espíritu Santo que nos fue dado (Romanos 5:3-5).

¿Cómo puedo amar a alguien que ni siquiera me gusta?

Antes de explorar cómo bendecir a quienes nos molestan o lastiman, permíteme hacerte una pregunta: *¿Por qué* no te gustan?

Recuerda nuestros estudios sobre la perspectiva en los capítulos 9 y 10. ¿Te disgusta alguien porque es diferente a ti? ¿Te parece difícil bendecir a alguien no porque no puedas hacerlo, sino porque no estás dispuesta? ¿Te has interesado en comprender a esa persona, o estás atascada en tus suposiciones?

Podría ser que el amor generoso solamente parezca imposible porque has dejado que tus prejuicios se interpongan en el camino. Si ese es el caso, da un paso atrás y obtén primero la perspectiva adecuada. Entonces puedes avanzar con un corazón sintonizado con Dios.

Bueno. Es cierto que algunas personas son difíciles de amar. Mi amiga Kristi pasó años cuidando una relación tensa con su madre, hasta que un día mientras oraba por esa aflicción oyó a Dios que le decía: *Yo también la amo.* "Me di cuenta de que Dios considera a mi madre digna de amor, compasión y perdón incondicional —comenta mi amiga—, por lo que yo también debería hacer lo mismo".

Kristi comenzó a invitar a su madre a cenar, a mostrar más interés por sus ideas y preferencias, a abrazarla, e incluso a llamarla para ver si necesitaba algo mientras Kristi hacía recados. "Esto no fue fácil porque aún teníamos problemas entre nosotras", declaró Kristi. Sin embargo, ella oraba a menudo porque la paz de Cristo la inundara y no permitiera que el maligno se interpusiera en la relación.

> Airaos, pero no pequéis; no se ponga el sol sobre vuestro enojo, ni deis lugar al diablo (Efesios 4:26-27).

"Todos estos aspectos han ayudado a transformar mi corazón —confesó Kristi—. Mi corazón se ha suavizado. Veo más a mamá a través de los ojos de Dios que a través de mis propios ojos humanos críticos. Y he visto también un cambio en su corazón. Ella está más dispuesta a ayudarme con los niños, a servirnos con comidas familiares durante la semana cuando la vida se pone complicada y a hablar de pensamientos y sentimientos más profundos".

¿Es perfecta hoy día la relación entre ellas? No, pero finalmente funciona dentro de los parámetros seguros de la voluntad y la gracia de Dios. Observa el progreso de la obediencia de Kristi:

1. Oró y buscó la verdad de Dios.
2. Le obedeció, un pequeño paso tras otro.
3. Experimentó un cambio en su *propio* corazón (independientemente de la reacción de su madre).

"Dios ha sido muy compasivo conmigo y tiene paciencia con todos mis defectos —añade ella—. Por eso puedo soportar a los demás, amarlos y ofrecerles perdón, aunque no lo pidan. Puedo mantener bajo control mis propias expectativas y no colocarlas sobre otras personas. Estoy agradecida por un Dios paciente que no lleva registros de mis maldades ni tiene en mí expectativas que no puedo cumplir, aunque yo lo intentara. Bendecir a mamá me ha enseñado a mirar por medio de los ojos de Dios y a quitar el enfoque de mí misma. Jesús es nuestro mejor ejemplo de esto, y ojalá yo siempre luche por ser más como Él cada día".

Si crees que no estás llegando a ninguna parte

Bendecir a quienes no responden puede volverse aburrido. Es fácil renunciar. No obstante, cuando bendecimos con la intención de hacerlo para Dios, podemos perseverar. Y nuestras acciones consiguen un mayor propósito.

> Hermanos míos amados, estad firmes y constantes, creciendo en la obra del Señor siempre, sabiendo que vuestro trabajo en el Señor no es en vano (1 Corintios 15:58).

Aun así, ¿no te gustaría ser menos amable con la persona… solo un poco? *Oye, gruñón, dame una sonrisa, un gesto de asentimiento, un caramelo o cualquier cosa, solo para que yo sepa que no estoy hablándole aquí a la pared. ¿Por favor?*

Ja. Tal vez, solo tal vez, no tengas idea del efecto que tus bendiciones pueden producir.

Un día, mi amiga Debbie llegó al aula de su hijo después de la escuela a fin de ofrecer alguna ayuda de último minuto en los preparativos para el carnaval escolar. La maestra había enviado un correo electrónico diciendo que tenían pocos voluntarios y que podía usar algunas manos adicionales. Debbie estaba disponible y feliz de ayudar, así que se presentó en la escuela. Y, en la puerta, la recibió otra mamá —una mujer a quien nunca había visto— que le lanzó una mirada a Debbie y se encaró con ella.

—¡Ya era hora de que vinieras! —gruñó la mujer—. ¡Me cuesta creer que te hayas ofrecido de voluntaria para esto y no te molestaras en cumplir!

Debbie se quedó conmocionada mientras la mujer le lanzaba una diatriba de cinco minutos. Cuando la protesta se detuvo un poco, Debbie abrió la boca.

—Lo siento. Debes estar confundiéndome. Yo no me inscribí para ayudar a coordinar esto; recibí una nota de la maestra en que decía que necesitaban ayuda adicional, por lo que pensé que podía ser útil.

—Bien… entonces… puedes ir allá y trabajar en eso —contestó la mujer asintiendo bruscamente hacia un proyecto y salió rápidamente del salón. Debbie no volvió a verla durante el resto de la tarde.

"No hubo disculpas ni discusión después de eso —comentó Debbie—. Simplemente realicé la tarea que me dio y me fui a casa".

¿Cómo habrías reaccionado a esa situación? ¿Habrías evitado a toda costa a la malhumorada mamá? ¿Te habrías formado una opinión desagradable de ella? ¿Le habrías lanzado una mirada furiosa por el pasillo? Quizás habrías tenido la tentación de hablar de ella con las otras mamás.

Seguro. Así es como la mayoría de madres en la escuela la trataron. Ninguna fue amigable con esa mujer porque ella no era amigable con nadie.

Sin embargo, Debbie vio el asunto en forma diferente.

"Algo la hacía ser de ese modo. Cuando nos encontramos con personas difíciles debemos recordar que no conocemos su historia ni lo que las llevó a ser como son. Estoy segura de que hay un trasfondo detrás de esas personalidades más difíciles; había algo en el pasado de esta mujer que la hacía brusca, que hacía que su manera de actuar fuera un mecanismo de defensa. Nuestra reacción inicial es repeler a quienes nos repelen. Pero cuando las otras mamás le devolvieron el maltrato a esta mujer solo expusieron la actitud de ella de que el mundo no era un lugar amigable. Dios requiere de nosotras más que eso: amar a quienes son desagradables".

Después de su encuentro inicial, Debbie sonreía y saludaba a la mujer siempre que la veía. Hubo muy poca interacción entre ellas, aparte de toparse en el pasillo o en reuniones de padres y maestros. Las dos mujeres nunca cultivaron una relación verdadera; sus hijos ni siquiera estaban en el mismo grado. Pero esta mamá era una presencia constante en la escuela. Debbie explicó: "Siempre se paseaba por los pasillos, frunciendo el ceño, como si esperara que algo fuera a salir mal… ella tenía esa clase de actitud negativa. Yo no actuaba de ninguna otra manera que no fuera cordial y amable con ella, aunque sus acciones no lo justificaban".

Después de tres años de este funcionamiento amistoso/poco amistoso, al esposo de Debbie le trasladaron a otro lugar de trabajo, y la familia se preparó para mudarse. El día que llegó el camión de la mudanza, sonó el timbre de la puerta. Allí estaba la malhumorada mamá de la escuela, sosteniendo un regalo de despedida. Estiró los brazos y abrazó a Debbie, llorando.

"Acabo de saber la noticia —expresó ella sollozando—. Siento mucho que estés mudándote. ¡Voy a extrañarte mucho!". A través del flujo libre de lágrimas le dijo a Debbie cuánto había disfrutado trabajar con ella en la escuela y lo mucho que sus sonrisas habían significado.

"Al final me hallaba tan conmocionada como lo estuve al principio. Ella era la última persona que yo esperaba ver en mi puerta —declaró Debbie—. No tenía idea de que se preocupara por mí o que me apreciara. Siempre me mostró un exterior duro. Solo que yo no respondí con igual comportamiento".

¿Qué nos dice eso sobre el poder de la bondad? Rompe barreras. Afecta a las personas en maneras que no podríamos saber. Las conmueve con el amor de Cristo.

"Fue totalmente obra de Dios; no mía —continuó Debbie—. Cuando vivimos siendo fieles a hacer estas cosas pequeñas, Dios puede obrar a través de eso en las vidas de otras personas porque tal actitud no es lo normal. La bondad no es lo común y corriente".

¿Por qué no? ¿Por qué la bondad auténtica y dirigida por Dios es tan extraña en el mundo hoy? ¿Y qué deberíamos hacer como cristianas para cambiarlo? Día tras día, con persona malhumorada tras persona malhumorada, cada una de nosotras tiene la oportunidad —la responsabilidad— de responder al odio con amor. Dios sabe lo vital que esto es para el reino. Él lo ordena.

> A vosotros los que oís, os digo: Amad a vuestros enemigos, haced bien a los que os aborrecen (Lucas 6:27).

¿Ofrecer también la otra mejilla?

Debo hacer aquí una pausa por un momento y clarificar un punto muy importante. Cuando se trata de ser amables con los desagradables, muchas de nosotras malinterpretamos el papel cristiano. Bondad frente a la crueldad no es debilidad, sino una fortaleza, concretamente la fortaleza *de Dios*, actuando en nosotras.

> Dios es el que en vosotros produce así el querer como el hacer, por su buena voluntad (Filipenses 2:13).

Cualquiera puede pagar ofensa con ofensa. Eso es fácil. Pero Jesús dice que los cristianos están llamados a funcionar de una forma más elevada.

> Oísteis que fue dicho: Ojo por ojo, y diente por diente. Pero yo os digo: No resistáis al que es malo; antes, a cualquiera que te hiera en la mejilla derecha, vuélvele también la otra (Mateo 5:38-39).

¿Qué significa eso? ¿Se supone que los cristianos deban ser sacos de boxeo? No. Para nada. Esta parte de las Escrituras se malinterpreta ampliamente. "Volver la otra mejilla" no es un acto pasivo de resignación o derrota; es realmente un movimiento de poder.

En la época de Jesús, un soldado romano golpeaba la mejilla de alguien con el dorso de la mano derecha. Esto se hacía para menospreciar a la persona abofeteada. Sin embargo, a los soldados se les prohibía tocar a alguien con la mano izquierda, porque esta se usaba para funciones "sucias" y se consideraba inmunda. Por tanto, cuando Jesús dice que volvamos la otra mejilla no está diciéndoles a sus seguidores que cedan; más bien los llama a una revuelta pacífica. Obligar a un soldado a que te golpee la mejilla izquierda con su mano izquierda habría sido una desgracia para el soldado, algo como decirle: "Estás decidido a tratarme como alguien inferior, pero tomaré posición por mi igualdad".[1]

Bendecir a las personas que te lastiman es un acto de reclamar tu valor en Cristo. Nunca dejes que alguien te convenza de otra cosa.

Cuando tu red esté vacía, sigue pescando

¿Estás cansada? ¿Cansada de drenar tu corazón tratando de reparar una relación destrozada, bendiciendo a alguien que no te bendice? Entiendo. No hay nada como el amor no correspondido para destrozarnos por dentro. Das, das y das, y nada cambia nunca.

Albert Einstein dijo que la definición de locura es hacer lo mismo una y otra vez, y esperar resultados diferentes. Pero a eso yo no lo llamo locura.

Lo llamo fe.

---

1. David P. Gushee y Glen H. Stassen, *Kingdom Ethics: Following Jesus in Contemporary Context* (Downers Grove, IL: InterVarsity Press, 2003).

Hay una historia en el Evangelio de Lucas en que Jesús está sentado en la barca de Simón Pedro hablándole a una multitud en la orilla de un lago. Cuando termina de predicar, le dice a Simón que lleve la barca a aguas más profundas y lance las redes para pescar.

> Respondiendo Simón, le dijo: Maestro, toda la noche hemos estado trabajando, y nada hemos pescado; mas en tu palabra echaré la red (Lucas 5:5).

¿Puedes imaginar a Simón frunciendo el ceño? *¡Ah, vamos, Jesús! Ya hemos pasado toda la noche en esta barca, y te digo que los peces no entran a la red. Hemos estado allí haciendo eso, nada va a suceder.*

Una y otra vez, Simón y sus compañeros de pesca habían lanzado sus redes sin resultados. Finalmente, concluyeron que los peces ganaron esta vez, así que remaron de vuelta a la orilla, probablemente agotados, y lavaron sus aparejos de pesca. Es hora de ir a casa a desayunar, ¿verdad que sí? ¿Por qué entonces Simón volvió a sacar la red?

Porque Jesús le dijo que lo hiciera.

Y mira lo que sucede.

> Habiéndolo hecho, encerraron gran cantidad de peces, y su red se rompía. Entonces hicieron señas a los compañeros que estaban en la otra barca, para que viniesen a ayudarles; y vinieron, y llenaron ambas barcas, de tal manera que se hundían (Lucas 5:6-7)

¿Estás tomándome el pelo? Jesús no solamente le dio a Simón lo que este esperaba, una red llena de peces; también le dio *dos barcas* llenas de peces. ¡Tantos peces que las pobres barcas no podían contener la carga!

Simón pudo haber decidido decir a Jesús: *No, no tiene sentido volver a remar.* Pero no lo hizo. Confió en Él, aunque las circunstancias parecían infructuosas. Por tanto, Jesús recompensó a Simón por su fe dándole inmensamente más de lo que podía pedir o imaginar (Efesios 3:20).

¿Qué estás pidiéndole ahora mismo a Dios?

En tus relaciones difíciles con aquellas personas en tu vida que toman y nunca dan, ¿estás tirando tu red vez tras vez sin ningún resultado?

Eso no es locura.

Es confianza.

Porque en cualquier momento Dios podría decidir: *Hoy es el día. Voy a llenar tanto tus redes que tu barca no será lo suficientemente grande para todas mis bendiciones. "Nada hay imposible para Dios"* (Lucas 1:37).

¿Quieres conocer la parte más interesante de esta historia? Al final, después que Simón hubo obtenido el más grande botín de su vida, una pesca que probablemente pudo haberle significado el salario de un mes o incluso de un año, decidió alejarse de todo eso.

> Jesús dijo a Simón: No temas; desde ahora serás pescador de hombres. Y cuando trajeron a tierra las barcas, dejándolo todo, le siguieron (Lucas 5:10-11).

En nuestras relaciones difíciles creemos estar esperando el gran botín de peces: que una amiga pida perdón, que un hijo pródigo regrese, que un matrimonio destrozado se salve. Imaginamos que ese es el objetivo, la respuesta a muchas oraciones por las que tanto hemos pedido.

Pero Jesús dice: *No.* Él tiene en mente algo mucho más importante.

Una oportunidad de seguirlo.

Tal vez el propósito de tu "locura" sea acercarte más a tu Salvador. Descubrir cómo Él satisface tus necesidades y conoce todo lo que no sabes. Cualquiera que sea tu reto, aunque te levantes mañana y vuelvas a enfrentar la misma situación, ¿confiarás en Jesús? ¿Creerás que un día Él llenará tu red más allá de su capacidad? Quizás entonces, solo quizás, cuando esa bendición esté en tus manos, te darás cuenta de que no es nada, realmente, comparado con conocer al Dador.

Reflexión personal

1. Lee Isaías 53:3-5. ¿De qué manera puede Jesús relacionarse con el amor no correspondido y el sacrificio personal? ¿Cómo afecta este pasaje tu perspectiva sobre bendecir a otros incluso cuando es difícil?

2. Lee 1 Pedro 3:9. En vista de lo que hemos explorado en este capítulo, ¿por qué crees que Jesús nos llama a pagar el mal con bendición? ¿Qué crees que significa que como resultado podremos heredar una bendición?

3. La misericordia es una de las características esenciales de Dios. Lee la parábola de los dos deudores en Mateo 18:21-35. ¿Cómo obra la misericordia a nuestro favor? ¿Por qué debemos extenderla a otros?

4. Proverbios 15:1 expresa: "La blanda respuesta quita la ira; mas la palabra áspera hace subir el furor". ¿Cómo puedes aplicar esta verdad a tus interacciones con las personas difíciles en tu vida?

5. ¿Te ha puesto Dios en una posición de liderazgo? Lee 2 Timoteo 2:24. ¿Cómo se espera que los siervos de Dios traten a los demás? ¿Qué tan bien estás actuando en este aspecto?

6. Piensa en una relación difícil en tu vida. ¿Logras ver cómo Dios ha hecho crecer tu carácter por medio de ella? ¿Has estado cooperando con la obra de Dios o resistiéndola?

7. ¿Qué habrías hecho en la situación de Debbie? ¿Has tenido una experiencia similar? ¿Cómo reaccionaste y cuál fue el resultado?

8. ¿Cuál era antes de leer este capítulo tu definición de "dar

la otra mejilla"? Compara eso con lo que aprendiste. ¿Qué crees ahora de este mandamiento?

Amor en acción

Revisa los pasos que Kristi dio cuando aprendió a bendecir a su madre:

- Orar y buscar la verdad de Dios (a través de las Escrituras)
- Obedecerle, aunque solo sea en pequeños pasos
- Discernir un cambio en tu propio corazón

Elige una relación difícil en tu vida y empieza a aplicar estos principios. Mantén un diario de oraciones, súplicas, alabanzas y resultados. Observa cómo Dios actúa en esta relación a lo largo del tiempo.

— Capítulo 16 —

Acerca de la regla de oro

Cuando yo era pequeña, mi madre siempre me enseñó a tratar a los demás como quiero que me traten. ¿También la tuya? En ese entonces yo creía que esta era sabiduría de mamá; hoy día sé que se llama la regla de oro, y viene directo de la Biblia.

> Todas las cosas que queráis que los hombres hagan con vosotros, así también haced vosotros con ellos; porque esto es la ley y los profetas (Mateo 7:12).

He reconocido este principio durante más de treinta años, pero en realidad no se me había ocurrido que la regla de oro se aplica a la vida familiar, hasta el día en que mi hija rompió la regla.

—Mamá, ¡*no* debiste haber hecho esto! —gritó mi hija primogénita de cinco años en ese entonces, irrumpiendo en el baño donde me ponía aretes de plata en las orejas.

Ella se quedó mirándome, con los labios fruncidos y el puño cerrado en cada cadera.

—¿Cómo? —exclamé volviéndome del espejo para mirarla—. ¿Qué hice exactamente?

—¡Dejaste abierta toda la noche la puerta del auto! —siseó—. ¡Papá acaba de entrar al garaje y la vio!

¡Oh! ¿Hice eso? Mi cerebro rebobinó hasta la noche anterior: una cena familiar en un restaurante. Recordé haber bajado de la mini furgoneta dos niñas, dos vasos de agua, un voluminoso bolso y una caja de espuma de poliestireno, por lo que es totalmente posible que mis dedos malabaristas olvidaran presionar el botón de cierre automático de la puerta. Seguro, eso parece algo que yo haría.

—Bueno, lo siento. Soy humana y me equivoco —me defendí, molesta, sosteniendo la mirada de mi acusadora—. Y no aprecio tu tono, jovencita. ¿Cómo te sentirías si yo te regañara cada vez que cometes un error?

Vaya. Una revelación llegó a mi mente y cortó mi diatriba. Yo *sí* la regaño por cometer errores.

¿Cuántas veces he reaccionado ante errores ajenos con impaciencia en lugar de misericordia? Me avergüenzo de los ejemplos. ¿Te identificas con algunos de estos?

Yo: ¿Quién tiene la cinta adhesiva?
Hija: Lo siento, mamá. Yo la usé para una manualidad, y luego me olvidé de ponerla en su sitio.
Yo: No más cinta adhesiva para ti.
Lo que desearía haber dicho: A veces todos somos olvidadizos. Te ayudaré a buscarla.

Yo: ¡Ay! ¡Acabas de patearme en la canilla!
Hija: Lo siento, mamá. Estaba practicando mi karate.
Yo: Vete a practicar en cualquier otro lugar.
Lo que desearía haber dicho: La cocina es demasiado pequeña para esos ejercicios. Vamos al patio para que me muestres tus sofisticados movimientos.

Yo: Muy bien, es hora de agregar la canela.
Hija: ¡Aquí está, mamá!
Yo: ¡Qué horror! ¡Acabas de poner comino en nuestra masa de galletas! Ahora tenemos que comenzar todo de nuevo.

Lo que desearía haber dicho: ¡Enseguida vamos a tener galletas picantes! (No te olvides de soltar una carcajada).

Cuando mi hija me reclamó por mi error en la puerta del auto, escuché mi propia crítica en su boca insolente. Si espero que mis hijas no sean tan duras con su pobre madre, entonces debo darles primero el ejemplo. Más bondad. Más perdón. Más misericordia.

En otras palabras, menos de mí y más de Cristo Jesús. Al fin y al cabo, ¿cómo podemos *conceder* misericordia a menos que la *recibamos* primero de Él?

> Con toda humildad y mansedumbre, soportándoos con paciencia los unos a los otros en amor (Efesios 4:2).

La misericordia es un ingrediente necesario en el amor generoso. No se trata de un complemento opcional o un recubrimiento de crema por encima, sino de algo absolutamente integral en la receta. ¿Por qué? Porque la misericordia es la manera en que vivimos la regla de oro. Tratar a los demás como queremos ser tratadas… aunque no lo merezcan.

¿Cómo vi a Jesús en un cepillo de cabello?

"Si te acuerdas, ¿puedes traer mañana al estudio bíblico mi libro *Amor redentor*? ¡Gracias!".

Miré este mensaje de texto de mi amiga Karyn y sentí una sensación de ardor en las mejillas. *¿Tengo todavía ese libro? ¿No me lo prestó ella hace como dos años? No puede ser. Seguro que se lo devolví.*

Así que bajé las escaleras hacia la estantería. Efectivamente, allí estaba, *Amor redentor*, apilado sobre un montón de novelas. Peor aún, encontré otros tres libros secuestrados cuyas propietarias deben estar maldiciendo mi nombre.

Y eso no es todo.

Aún tengo un DVD que me prestaron en 2009.

Una prenda de vestir de premamá de mi hermana todavía está en mi armario. Me la quedé durante mi último embarazo… y durante el de ella.

Dos veces al año nuestra biblioteca local perdona multas vencidas si donamos artículos (alimentos) no perecederos. Lo anoto en mi calendario y recorto cada cupón de cereal que encuentro.

Una vez alguien me prestó un pincel y lo perdí. Mi esposo lo encontró seis meses después escondido en una maleta vacía. No me preguntes cómo llegó allí. Todavía estoy perpleja.

¡Uf! No quiero ser ladrona, pero parece que no puedo controlarme en ese aspecto. Se me olvida devolver lo que me prestan. ¡Eso es horrible! Solía regañarme a mí misma por eso, pero con los años he aceptado este defecto, y ahora por el bien de todas las partes implicadas me niego cortésmente cada vez que alguien ofrece prestarme algo. Realmente es lo mejor. Necesitas tu abrelatas más que yo.

Por favor, comprende esto: sí, soy terrible con lo que me prestan, pero eso no me convierte en una terrible amiga.

Podría quedarme con tus cosas, pero por nada del mundo descuidaré tu corazón. Manejaré con cuidado tus ideas, esperanzas y sueños. Compartiré tu risa y tu tristeza. Te trataré como quieres que te traten.

¿Se debe esto a mi pequeño defecto de prestataria? No se debe a mí. Ni a ninguno de mis defectos.

Solo el Señor hace tal trabajo.

> [Dios] nos salvó, no por obras de justicia que nosotros hubiéramos hecho, sino por su misericordia, por el lavamiento de la regeneración y por la renovación en el Espíritu Santo, el cual derramó en nosotros abundantemente por Jesucristo nuestro Salvador, para que justificados por su gracia, viniésemos a ser herederos conforme a la esperanza de la vida eterna (Tito 3:5-7).

¿Tienes algunas peculiaridades que no puedes quitarte de encima? ¿Te castigas por defectos o desatinos sociales? ¿Sientes que por mucho que intentes bendecir a otros, simplemente sigues arruinando las cosas?

Tal vez seas la amiga que siempre llega tarde. O eres famosa por decir algo desafortunado en el momento incorrecto. Quizás olvidas los cumpleaños, planes de cena o nombres.

¿Y qué? Lo he dicho antes, y volveré a decirlo una y otra vez: ninguna de nosotras es perfecta; sin embargo, Dios decide amarnos. Elige bendecirnos. Nosotras podemos hacer lo mismo unas por otras.

Karyn lo hizo.

La encontré al entrar al estudio bíblico algunos días después de su mensaje de texto, con mi mirada en el suelo y su libro en mis manos culpables. Sonrió y sacó un regalo de su cartera: un cepillo de cabello para mis hijas, exactamente como el que le pertenece a su propia hija, que yo había admirado la última vez que la visitamos. Por supuesto, ella no ofreció prestarme el suyo, mujer inteligente. Este cepillo era completamente nuevo, aún empacado.

Imagina eso. Me equivoqué, y mi amiga respondió dándome un regalo que yo no merecía.

¿A quién se parece eso?

Jesús nos inunda de su continua misericordia y gracia. Qué privilegio tenemos de extender lo mismo a los demás. ¿Cómo puedes hoy día mostrar misericordia a tus amistades, a tus hijos, a esposo, a tus vecinos… incluso a extraños? Muéstrame una persona que esté respirando y te mostraré a alguien en desesperada necesidad de gracia. Como creyentes, estamos llamadas a propagarla. Y esa es una de las más grandes bendiciones que podemos dar o recibir.

> Hermanos, os encomiendo a Dios, y a la palabra de su gracia, que tiene poder para sobreedificaros y daros herencia con todos los santificados (Hechos 20:32).

Cuida tu lenguaje

Esto podría resultar sorprendente, pero debo señalar que tú, y solo tú, eres tú.

¿Eh?

Es verdad. Tu hija no eres tú. Tu esposo, tus amigos, tus compañeros de trabajo, tu grupo de iglesia, el cartero que te sirve tu correo, todos y cada una de las personas en el universo que no son tú (que es todo el mundo aparte de ti), sencillamente no son tú.

Eh, ¿obvio?

Sí, creemos que ya lo sabemos; sin embargo, *¿actuamos* como si lo supiéramos? Muy a menudo el único obstáculo entre tú y la capacidad de bendecir a alguien que te importa es el conocimiento básico de que la otra persona es un individuo, con gustos y deseos que podrían ser diferentes de los tuyos.

Se llama su lenguaje del amor. Tú también tienes uno.

Quizás hayas oído hablar del fenómeno de los lenguajes del amor del pastor Gary Chapman, y tal vez incluso hayas hecho una prueba para determinar tu propio lenguaje del amor.[1] La idea es que si muestras amor a otra persona en el modo en que ella expresa mejor el amor (es decir, su lenguaje de amor), obtendrás máximos resultados en bendecir a esa alma. Las cinco opciones son:

- Palabras de afirmación (este es el mío)
- Actos de servicio
- Recibir regalos
- Tiempo de calidad
- Toque físico

Por ejemplo, el lenguaje de amor de mi hija menor es definitivamente recibir regalos. Esta niña es capaz de sobrevolar Júpiter por una oportunidad de visitar la tienda de Todo por un Dólar

---

1. Gary Chapman, *Los cinco lenguajes del amor* (Miami: Unilit, 2003).

y escoger un juguete o algo que le guste. Ha llegado a casa con máscaras ninja, faldas hawaianas, equipo para fabricar tu propio avión, y más recientemente una serpiente rosada de peluche. Nunca sabes lo que encontrarás en la tienda del dólar.

Sin embargo, mi lenguaje preferido del amor son las palabras efusivas. Como cuando conducimos de la tienda del dólar a casa y mi hija me dice que soy la mejor mamá que ha existido en todo el amplio mundo porque le compré su serpiente rosada. ¡Oh, me derrito! ¡Me siento bendecida!

¿Y qué sucedería si yo intento bendecirla usando nada más que palabras efusivas? Ella las aprecia, sin duda, pero no le hacen sentirse tan bendecida como un paquete nuevo de juego Legos, u otra serpiente de peluche. (Esa es mi hija).

El problema es que muchas de nosotras tenemos la tendencia de bendecir a otras personas de la manera que a nosotras nos gustaría ser bendecidas. Quiero decir, esa es la regla de oro, ¿no es cierto? Bueno, algo así. Parece contraproducente, pero a fin de tratar a alguien del modo en que quieres que te traten primero debes entender que esa persona tal vez no quiera que la trates del modo en que tú quieres que te traten.

¿Qué estás diciendo?

Digámoslo de esta manera. La regla general es amar a los demás. Pero el *modo* en que los amas es determinante. Si hablamos con nuestros seres amados de acuerdo con nuestro propio lenguaje del amor y no el de ellos, nos perderemos la posibilidad de bendecirlos al máximo. Así que usa cualquier lenguaje del amor que hable fuerte para la persona que tienes por delante.

¿Qué dice tu comportamiento acerca de ti?

Si vivimos realmente de acuerdo con la regla de oro, tratar a los demás como queremos que nos traten, entonces la manera como nos comportamos con ellos debería revelar algo acerca de nosotras, tal como:

- Respeto las opiniones de mi esposo; quiero que él respete las mías.
- Mantengo la confianza de una amiga; quiero confiar igual en ella.
- Oro por las personas que están sufriendo, porque cuando llegue mi turno, me bendecirá saber que otros lo están haciendo por mí.

Parece una fórmula perfecta, ¿verdad? ¡Imagina que el mundo funcionara realmente de este modo! ¿Y si en nuestros hogares, escuelas, lugares de trabajo, iglesias y comunidades se asegurara a todo el mundo amabilidad y ayuda simplemente porque las personas a nuestro alrededor anhelan amabilidad y ayuda? ¡Qué círculo más hermoso!

Lástima que no sea así.

Todas sabemos que nadie, incluso tú y yo, sigue por completo la regla de oro. A menos que de alguna forma yo quisiera que me regañaran por andar con zapatos mojados dentro de la casa, estoy muy segura de que no voy a brillar como ejemplo de la regla de oro en acción.

Una vez más, el problema con nuestra interpretación de la regla de oro es el egoísmo. Este presupone un enfoque en el yo: tratar a otros como quiero que me traten; amarlos como quiero que me amen.

¿Y si la regla tuviera realmente un propósito mayor más allá de nosotras mismas?

Lo tiene.

> Nadie ha visto jamás a Dios. Si nos amamos unos a otros, Dios permanece en nosotros, y su amor se ha perfeccionado en nosotros (1 Juan 4:12).

En última instancia, nuestra bondad, nuestra bendición y nuestro amor hacia los demás son regalos que le ofrecemos a Dios.

Completan el amor que Él nos dio primero. ¡Hacen conocido a nuestro Creador invisible! Y, como una bonificación realmente extraordinaria porque nuestro Dios es así de asombroso, Él entonces utiliza estos dones como herramientas dentro de nuestras propias vidas para a su vez protegernos, curarnos y bendecirnos.

> Ante todo, tened entre vosotros ferviente amor; porque el amor cubrirá multitud de pecados (1 Pedro 4:8).

En conclusión: ¿por qué existe la regla de oro? Porque amar a los demás es la característica de un verdadero cristiano (Juan 13:35). Toda interacción con otro ser humano es una oportunidad para expresar el amor de Cristo. Somos su voz, sus manos y su rostro en la tierra. Qué increíble privilegio. Usémoslo para su gloria, ¿amén?

Deja que te bendigan

Por último, hermana, me gustaría compartir contigo algunos pensamientos, por si eres de las que luchan, no necesariamente con dar bendiciones, sino con recibirlas.

Y tú sabes quién eres.

Estoy pensando en mis amigas que se estremecen ante todo cumplido. Mujeres que rechazan regalos y toda clase de ayuda, o que se sienten culpables, indignas o avergonzadas cuando se las obliga a aceptar.

¿Tienes miedo de pedir oración?

¿Decidiste manejar todo reto por ti misma?

¿Crees erróneamente que tener una necesidad significa que tienes algún defecto?

Pues, necesitas conocer a mi amiga Sara.

Ella es madre de tres hijos y abogada de oficio. Es perspicaz. Tiene cerebro.

Y también tiene un temor: estar sola en casa.

Esta es una fobia de toda la vida, arraigada en ella desde la infancia. Cada vez que su esposo sale hasta el día siguiente por asuntos de negocios, Sara batalla con una ansiedad paralizante que supera sus sensibilidades.

"Siento que no debería tener este miedo —confesó ella—. Soy adulta; debería poder controlar mi estadía en casa con mis niños cuando mi esposo no está. Pero escucho cada ruido, mi corazón late con fuerza, no puedo dormir. En un punto de mi vida esto era totalmente agotador y espantoso".

Durante años, Sara mantuvo su miedo en privado. Suponía que la gente creería que estaba loca si lo supieran. Sin embargo, finalmente se acercó a una amiga de confianza y admitió su lucha.

"Emilia respondió inmediatamente diciendo que estaba orando —comentó Sara—. Y, a partir de entonces, hasta el día de hoy, tomó mi necesidad y la hizo suya".

En primer lugar, Emilia le aseguró a Sara que no estaba loca. Validó esos miedos confesándole que ella también tenía los suyos. En la noche, cuando Emilia criaba bebés, oraba por Sara y le enviaba mensajes de texto, versículos bíblicos y consejos sobre cómo proclamar las verdades de Dios sobre su casa.

Emilia fue compasiva. Fue amable. Amó con generosidad. Y, a través de su bendición, Dios comenzó a hacer que desapareciera ese temor en la vida de Sara.

"Dios usó la ayuda de Emilia para liberarme de esta carga —declaró Sara—. Aún lucho, pero ahora el Señor me concede paz cuando me centro en sus mandamientos a fin de pensar en cosas que son ciertas y amorosas. Medito en los puntos sobre los que Emilia y yo hablamos, que Dios hizo todo, también la oscuridad y la noche, y que lo sabe todo, que nunca se cansa, nunca duerme y que por tanto debo confiar. Y lo hago. Mi confianza en Él ha aumentado. Puedo finalmente dormir toda la noche".

> En paz me acostaré, y asimismo dormiré; porque solo tú, Jehová, me haces vivir confiado (Salmos 4:8).

Dios usa nuestras bendiciones para nuestro beneficio, para el beneficio de otras personas y, en última instancia, para su gloria. Por tanto, no le niegues a alguien la oportunidad de bendecir y ser bendecido. Acepta con humildad su bendición. A veces ese es el acto más generoso de amor que existe.

> El alma generosa será prosperada; y el que saciare, él también será saciado (Proverbios 11:25).

Reflexión personal

1. Recita en tus propias palabras la regla de oro. ¿Cuán bien estás siguiendo últimamente esta regla en tu familia? ¿Y en tu iglesia, vecindario, lugar de trabajo, etc.?

2. Llena los espacios en blanco: *Es importante para mí que ______________[mi esposo, mis hijos, mi jefe, etc.] me trate(n) con ______________ [amor, sinceridad, respeto, gentileza, etc.]*. ¿Estás tratándolos de igual manera?

3. ¿Tienes en cuenta las faltas de otras personas, especialmente de tus familiares y amigos? ¿Eres más rápida en criticar que en perdonar? (Lee Efesios 4:2-3).

4. Gracia significa recibir algo bueno que no merecemos. Es un favor inmerecido. Dios nos la concede a nosotras sus hijas, y por gratitud debemos sentirnos obligadas a extender gracia a otras personas en forma de bendiciones. Esto es más fácil para unas que para otras. ¿Extiendes gracia de manera natural? ¿O es más probable que esperes que los demás se ganen tu favor?

5. Piensa en la última vez que una amiga te fastidió. ¿Cómo reaccionaste? ¿Cómo pudiste haber bendecido a tu amiga en esa situación?

6. Piensa ahora en la última vez que *fastidiaste* a otra persona. ¿Cómo reaccionó ella? ¿Cómo te hizo sentir eso?

7. ¿Has estado tratando a los demás como si fueran tú, como si desearan y apreciaran las mismas cosas que tú, aunque eso no sea verdad? De ser así, ¿de qué maneras podrías estar perdiendo oportunidades de bendecirlos?

8. ¿Cómo la regla de oro puede hacer que pensemos en forma egoísta?

Amor en acción

Haz la prueba de los lenguajes del amor (5lovelanguages.com, solo disponible en inglés). Anima a tu esposo e hijos a completar también la prueba (o hazla en nombre de tus niños pequeños). Aunque hayas hecho antes la prueba, te animo a que vuelvas a hacerla. A medida que cambian las etapas de la vida pueden cambiar nuestras necesidades; por tanto, nuestro lenguaje del amor también puede evolucionar.

¿Te sorprendió algo en los resultados de la prueba? ¿Te dieron una comprensión mejor de cómo bendecir a tus seres amados? Escoge una acción esta semana que hable a cada uno de los miembros de tu hogar en su lenguaje del amor.

Epílogo

Una vida bien llevada

Imagino que el cielo está lleno de barcas de pesca. Si pudiéramos vislumbrarlo ahora mismo, veríamos a un papá pelirrojo lanzando un anzuelo al agua prístina, parado junto a su tierna hija cuyo hermoso cabello rubio brilla como el sol naciente. Sonríen y ríen llenos de gozo inefable.

No están muertos, sino completamente vivos.

Cuando escribo estas palabras, han pasado exactamente dos años desde el día en que Dios los llamó a casa: Jon y Olivia, los seres amados de Erin y dos hijos devotos de Dios. Quienes quedamos aquí seguimos firmemente convencidos de que Dios tiene un motivo para esto, para dos asientos vacíos en la mesa cada mañana y noche, para la angustia que en realidad nunca se irá en este lado del cielo. Erin cree que Dios es bueno. Ella me inspira a estar de acuerdo.

Incluso en medio de su dolor, Erin conoce el corazón de su marido. Él no querría que ella dudara de su fe durante este sufrimiento. Querría que su esposa se aferrara de Aquel que la ama aún más de lo que Jon la amó.

¡Oh, cómo la amaba su esposo!

Cuando se conocieron, Erin era una nueva creyente. Jon era el payaso en el grupo de jóvenes que bromeaba de todo… excepto de su fe. Desde muy joven quiso conocer de veras a Dios. Jon eligió primero a Dios, aun sobre su relación con Erin cuando se mudó al otro lado del país para asistir a una universidad bíblica antes de casarse. Dios siempre fue primero en la vida de este hombre. ¿Y cómo lo demostró?

Amando a las demás personas.

"Jon era adicto al compañerismo —describió Erin—. Quería participar en todo evento de la iglesia y servir a todas las personas en cualquier forma que pudiera. Incluso procuraba sentarse en un lugar distinto todos los domingos por la mañana en el templo con el propósito de conocer y hablar con alguien nuevo".

Jon servía primero a su familia. Alentaba a su esposa con la Palabra. Dedicaba tiempo a ayudar a sus hijos con las tareas de la escuela, a enseñarles a manejar las herramientas para quitar la nieve, a leerles todas las noches durante una hora, directamente de la Biblia. Le gustaba recibir invitados a comer, a pesar de la cocina pequeña de la familia. Los amigos y vecinos conocían a Jon como el hombre indicado para ayudar a cargar camiones de mudanza o cortar árboles. Leía abiertamente su Biblia en el trabajo y recibía con agrado las preguntas de sus compañeros de trabajo. Llamaba a sus seres queridos solo para mantenerse en contacto.

Jon amaba a los demás con su presencia.

Dirigió a su familia a ahorrar dinero para un fondo del reino, que usaban para apoyar misiones. Cada año daban el diezmo del reembolso que recibían de su declaración de impuestos a un ministerio nuevo. Y cuando llegaba el momento de reemplazar un auto, Jon casi nunca vendía el viejo; se lo regalaba a alguien necesitado.

Jon amaba a los demás con sus posesiones.

Las personas se le acercaban a Jon. Él hacía amigos fácilmente, de todos los sectores sociales: todo trasfondo, color, forma y tamaño. No le importaba el aspecto de una persona ni de dónde provenía. Le brindaba su amistad auténtica, libre de juicio y llena de verdadero interés en conocer otra alma.

Jon amaba a los demás con su perspectiva.

Y este hombre conforme al corazón de Dios, este hijo fiel del

Rey, *sabía* cómo orar. Esto era parte de su estilo de vida, su comunicación constante con el Padre. Oraba por su familia y con ella. Llevó a otros al Señor. Las amistades se enteraban rápidamente de que, si estaban especialmente hambrientas, mejor no le asignaban a Jon la labor de agradecer, porque la comida se enfriaría antes que terminara la oración.

Jon amaba a los demás con sus oraciones.

A este hombre piadoso únicamente se le concedieron treinta y tres años. Pero durante ese tiempo, la misma vida de Jesús, Jon tuvo una incidencia perdurable. Construyó un legado. Vivió una vida abundante.

Reflejó la gloria del Señor.

No porque fuera perfecto o encantador.

No porque ganara un montón de dinero o viajara por todo el mundo.

No porque obtuviera credenciales exaltadas o gran cantidad de elogios mundanos.

No porque fuera el más talentoso, el más atlético o con más probabilidades de triunfar en todo.

Nada de eso importa al final.

¿Y qué es lo que realmente importa?

¿Cuál es la verdadera medida de una vida bien llevada?

El amor.

Y Jon hizo bien eso, muy bien.

> Un mandamiento nuevo os doy: Que os améis unos a otros; como yo os he amado, que también os améis unos a otros. En esto conocerán todos que sois mis discípulos, si tuviereis amor los unos con los otros (Juan 13:34-35).

¿Cómo quieres que te recuerden algún día? Puedes elegir ahora mismo quién deseas ser mañana, a quién tus amigos, familiares e hijos de los hijos de tus hijos recordarán por mucho tiempo después que te hayas ido de esta tierra.

Puedes elegir en este momento quién serás *hoy* para las personas que viven en tu casa, trabajan en tu oficina, y para tus vecinos cuando conduces por las calles de tu vecindario.

Puedes elegir —sí o no— ser embajadora de Cristo, allí donde estés.

Tú decides.

¿Mirarás más allá de ti hacia los demás?

¿Harás brillar tu preciosa estrella para que un mundo en tinieblas pueda ver?

¿Te atreverás a ser determinante para la eternidad?

Entonces únete a la revolución, amiga mía. Hagámoslo juntas.

Ama con generosidad.

Realmente es así de simple, tan poderoso y hermoso como eso.

Reconocimientos

A Erin, mi amiga preciosa. Gracias por plantar la semilla que floreció en *Amor generoso*. Estoy sumamente agradecida por tu buena voluntad de contar tu historia, por abrir tu corazón y por amar a Jesucristo. Que Él sea glorificado por encima de todo.

A Chad, quien Dios me lo dio. En mi corazón, quiero bendecirte más. Gracias por amarme, aunque fallo. Valoro tu apoyo.

A mis pichoncitas. Ustedes me bendicen más de lo que nunca sabrán. Gracias por ser mis mejores animadoras. Mamá os ama.

A mis guerreras de oración. Gracias por recordarme en vuestras oraciones durante la creación de este libro. Ustedes hicieron el trabajo importante, y estoy muy agradecida.

A Judy Episcopo, Heidi Scott y Kate Schwarzenbart. Ustedes han sido mis ojos adicionales, mis puntos de referencia y mis consejeras sabias. Gracias por su comprensión y aliento.

A mi agente Blythe Daniel. Gracias por creer en mí y por abrir las puertas con oración.

A Kim Bangs. Me abriste los ojos a lo que debía ser este libro. Gracias por exigirme mi mejor esfuerzo, apoyarme y retarme a soñar.

A todo el equipo en Bethany House. Gracias por apoyar a la edición original en inglés de *Amor generoso* y darle vida de manera tan hermosa.

A Tammy Muller, mi mentora y amiga. Algunos de mis momentos favoritos los he pasado sorbiendo café y estudiando la Biblia contigo. Gracias por enriquecer mi alma.

A Amber, mi hierro que aguza hierro (Proverbios 27:17). Me mantienes humilde. Gracias por tu amistad incondicional.

A mi círculo de amistades y "familia" en AAC y FVCA. Gracias por la vitalidad que nos dan a los Kopitzke. Dios nos ha bendecido con su amor y apoyo.

A mis amistades de Facebook. Gracias por responder a cada llamado para aportar ideas y experiencias. Me han ayudado de veras a dar forma a este libro.

A toda persona que me invitó para contar su historia. Gracias por ofrecer su sincera transparencia y su deseo de hacer conocer a Dios.

A ti, amiga lectora que sostienes este libro. Muchísimas gracias por pasar estas páginas conmigo. Oro para que las palabras aquí escritas te inspiren a demostrar amor generoso para la gloria de Cristo.

Sobre todo, gracias Cristo Jesús… por todo.

— Acerca de la autora —

Becky Kopitzke es escritora, conferencista, mentora, soñadora, creyente, empacadora de almuerzos y perfeccionista en recuperación. Ella y su esposo Chad viven en el noreste de Wisconsin con sus dos adorables hijas y un tanque lleno de pececillos. Y, finalmente, un perro.

Cuando no está escribiendo es posible encontrar a Becky sirviendo como voluntaria en la escuela, dirigiendo estudios bíblicos, cantando en el conjunto de adoración, descuidando el lavado de ropa, mediando en riñas entre hermanas e intentando entablar una conversación de adultos con su esposo mientras las niñas piden malvaviscos. Lleva una vida común, magnífica y llena de migas regadas por el piso. Ella lo llama *bendecida*.

Conéctate con Becky en su sitio web, www.beckykopitzke.com.

EDITORIAL
PORTAVOZ

NUESTRA VISIÓN

Maximizar el efecto de recursos cristianos de calidad que transforman vidas.

NUESTRA MISIÓN

Desarrollar y distribuir productos de calidad —con integridad y excelencia—, desde una perspectiva bíblica y confiable, que animen a las personas a conocer y servir a Jesucristo.

NUESTROS VALORES

Nuestros valores se encuentran fundamentados en la Biblia, fuente de toda verdad para hoy y para siempre. Nosotros ponemos en práctica estas verdades bíblicas como fundamento para las decisiones, normas y productos de nuestra compañía.

Valoramos la excelencia y la calidad.
Valoramos la integridad y la confianza.
Valoramos el mérito y la dignidad de los individuos y las relaciones.
Valoramos el servicio.
Valoramos la administración de los recursos.

Para más información acerca de nuestra editorial y los productos que publicamos visite nuestra página en la red: www.portavoz.com.